Reihe Hanser 211
Hartmut von Hentig
Was ist eine humane Schule?

Aus seiner doppelten Erfahrung als wissenschaftlicher Forscher und praktischer Lehrer analysiert von Hentig den gegenwärtigen Zustand der Schule, der in zunehmendem Maße nicht nur die betroffenen Eltern, sondern die Öffentlichkeit insgesamt beunruhigt und verwirrt. Er ist zu ehrlich und zu erfahren, um sich von neuen Patentlösungen Heil zu erwarten. »Es geht nicht um diese oder jene Pädagogik, es geht um ihre Voraussetzungen.« Die Klarheit und die Sachkenntnis, mit der von Hentig die Situation der Schule im Kontext unserer Gesellschaftssituation darstellt, ist nicht nur für die unmittelbar betroffenen Eltern und Pädagogen aufschlußreich, sondern auch für den Soziologen und Politikwissenschaftler.

Hartmut von Hentig, geb. 1925, studierte ab 1945 alte Sprachen in Göttingen und Chicago und promovierte mit einer Arbeit über Thukydides. Anschließend war er Lehrer am Landerziehungsheim Birklehof. 1963 wurde er auf den Lehrstuhl für Pädagogik an der Universität Göttingen berufen; seit 1967 mit Plänen für ein Oberstufen-Kolleg und eine Laborschule an der Universität Bielefeld befaßt; 1968 Ruf dorthin, Aufbau der Fakultät für Pädagogik, Philosophie und Psychologie und der beiden als Curriculumwerkstätten konzipierten Schulen.

Die wichtigsten Bücher Hartmut von Hentigs sind: Probleme des altsprachlichen Unterrichts, dargestellt am Modell der englischen Schule (1960) – Wie hoch ist die Höhere Schule? (1962) – Hellas und Rom, ein Lesebuch (1964) – Die Schule im Regelkreis (1965) – Platonische Lehren, Probleme des altsprachlichen Unterrichts (1966) – Universität und Höhere Schule (1967) – Systemzwang und Selbstbestimmung (1968) – Öffentliche Meinung, öffentliche Erregung, öffentliche Neugier (1969) – Spielraum und Ernstfall (1969) – Cuernavaca – oder: Alternativen zur Schule? (1971) – Die Bielefelder Laborschule (1971) – Das Bielefelder Oberstufen-Kolleg (1972) –

Magier oder Magister? Über die Einheit der Wissenschaft im Verständigungsprozeß (1972) – Schule als Erfahrungsraum? Eine Übung im Konkretisieren einer pädagogischen Idee (1973) – Die Wiederherstellung der Politik/Cuernavaca revisited (1973) – Die Sache und die Demokratie (1975).

Hartmut von Hentig
Was ist eine humane Schule?

Drei Vorträge

Carl Hanser Verlag

Für Jürgen Funke,
von dem ich täglich Pädagogik lerne.

Reihe Hanser 211
ISBN 3-446-12255-9
Alle Rechte vorbehalten
2. Auflage 1977
© 1976 Carl Hanser Verlag München, Wien
Umschlag: Heinz Edelmann
unter Verwendung eines Fotos von Jürgen Volkmann
Gesamtherstellung: Georg Appl, Wemding
Printed in Germany

Einleitung

Von einer »humanen« Schule zu sprechen, wäre mir von alleine nicht in den Sinn gekommen. Ich hätte freilich auch nicht das Bedürfnis gehabt zu fragen, was das heiße oder sei. Ich hätte – bevor die »humane Schule« in aller Leute Munde war – gefunden, daß man das doch wisse und jedenfalls keinen Professor bemühen müsse, dies zu beantworten. »Human« – so hätte ich vor einem Jahr gedacht – ist ein Wort für einen Affekt, für etwas, das im anderen nicht das Gleiche, sondern etwas Entsprechendes auslösen soll. Von humaner Schule spricht man – so hätte ich behauptet – wie man von »gemütlicher« Stube, »zünftiger« Jägerei, »realistischer« Wirtschaftspolitik, »fortschrittlicher« Technik, »freiheitlicher« und »sozialer« Gesellschaft spricht. Man will stets damit sagen: Ich meine das, was man hier zu meinen hat und was man weder definieren muß noch kann.

Das wird offensichtlich anders, sobald man daraus ein Kampfwort gemacht hat – wenn man sich mit seiner Hilfe gegenseitig Verdienst oder Schuld zuschiebt und die Parteien, die dies tun, entdecken, daß die Menschen (die Wähler) sich darüber gänzlich neu gruppieren. Es ist doch nicht so, daß das Wort von der »humanen« Schule durch eine bestimmte Bürgerinitiative, durch einen vielzitierten Artikel in der Süddeutschen, einige zeitgerechte Fernseh-Features unter die Leute gekommen ist, sondern eher umgekehrt: Publizisten und Politiker merkten, daß die Leute mit dem undeutlichen Wort eines in aller Deutlichkeit verbinden und engagiert verfolgen: eine Absage an die bisher aufgetischten Ideale, Versprechen, Lösungen. Nachdem wir seit 15 Jahren die »moderne«, die »reformierte«, die »wissenschaftliche«, die Chancengleichheit und Aufstieg gewährende, die »demokratische Leistungsschule«, die »integrierte« und »differenzierte Gesamtschule« erstrebt haben *oder* die »bewährte«, »dreigliedrige«, »alte Schule« und jeder aus dem Schatten Gewinn zog, den der andere warf, greifen die Menschen heute zu etwas, was für sie vor allem »weder – noch« heißt. »Humane Schule« – das bietet so etwas wie bildungsideologische Neutralität an; das kann vom Hessischen Elternverein ebenso gutgeheißen werden wie von der Baden-Württembergischen SPD. Und beide haben auf einmal etwas Bestimmtes damit vor. Wenn sie freilich das gleiche damit fordern, dann ist es Zeit, sehr genau hinzusehen. Es fällt mir schwer zu glauben, daß sie das gleiche damit verfolgen.

Bevor ich analysiere, was man auf der Linken und auf der Rechten in diesem Stadium der Entwicklungen damit meinen kann, will ich den Sinn des Wortes ganz allgemein betrachten: ich will einer Mentalität auf die Spur kommen, die sich gebildet hat.

Man sagt »human« und nicht »menschlich« nicht aus bloßer Liebe zum Fremdwort, sondern weil »menschlich« entweder weniger Pathos vermittelt als »human« oder mehr. Wir sagen »Irren ist menschlich« nicht »Irren ist human«. Umgekehrt ist die »menschliche Gesellschaft«, über die Marx oder Mannheim nachdenken, nicht die »humane Gesellschaft«; »menschlich« – identisch mit »des Menschen« oder »zum Menschen gehörig« – kann ebenso dessen Gebrechen und Versa-

6

gen bezeichnen wie dessen Sittlichkeit und Freiheit. »Human« dagegen heißt immer »menschenwürdig«, mißt immer an einer Vorstellung davon, wie der Mensch sein *soll,* und wird konkret faßbar durch sein Gegenteil: »inhuman«, menschenunwürdig, menschenvernichtend, menschenfeindlich. In der Tat erfahren wir den Sinn des Wortes an der Verletzung von Rechten oder Gütern oder Werten, die oft selber erst in der Erfahrung der Verletzung oder Entbehrung bewußt werden.

Es ist gut, sich das klarzumachen, weil in dem Wort »human« immer mitklingt: da geht es um etwas zeitlos und für alle Gültiges; man habe also sehr wohl gewußt, was man hätte schützen oder erreichen sollen; und umso weniger verzeihlich ist seine Mißachtung. Aber hätte ich einem Menschen vor 400 Jahren gesagt, in meiner Zeit würde ich dafür kämpfen, daß unsere Schule endlich »human« werde, er hätte das schlechterdings nicht verstanden, auch wenn er sich einen Humanisten genannt hätte. Die Schule hatte nicht »human« zu sein (in unserem Sinn); sie erfüllte eine bestimmte, notwendige und notwendig harte Funktion und war genau darin »menschlich«, daß Schüler die Weisheit nicht erkennen können, die Lehrer sie ihnen also eintrichtern und einbleuen müssen; »humanum est«, daß die Schüler faul, störrisch, niederträchtig und die Lehrer ungeduldig, herrisch und am Ende abgenutzt sind. Jahrhunderte hindurch war das Symbol der Schule die Rute, bis die Aufklärung daraus die Öllampe machte, ein Symbol, in dessen Zeichen dann freilich nicht weniger Grausamkeiten begangen wurden, sondern nur subtilere.

Daß man bestimmte Verhältnisse menschenwürdig gestalten und menschlich behandeln müsse, muß jeweils eigens entdeckt werden.

Städte waren einst reich oder arm, alt oder neu, bedeutend oder provinziell, schön oder häßlich; von einer humanen Stadt zu sprechen, wäre niemandem in den Sinn gekommen; Städte waren von allein und mit Selbstverständlichkeit »human«, indem sie nach den Bedürfnissen der in ihnen wohnenden Menschen entstanden; als sie der Ansiedlung von Untertanen und der Unterbringung von Arbeitskräften für die Industrie zu dienen begannen, nahm man wahr, daß sie unmenschlich sein und Unmenschliches hervorbringen können; man fordert seitdem ihre Humanisierung.

Ein Arbeitsplatz – das war zunächst ein Ort, ein Gerät, eine Maschine, ein Tisch, an denen etwas produziert werden mußte, zweckmäßig und möglichst zeit- und energiesparend; die dabei verrichtete Arbeit konnte hart, schmutzig, eintönig sein – man hätte nicht verlangt, daß sie »human« sei, etwas mit Menschenwürde, Selbstachtung, den anderwärts erkämpften Grundrechten zu tun habe; als die Arbeitsteilung zum herrschenden Prinzip und die Unterordnung der Arbeitenden unter die Arbeitsmittel zum herrschenden Schicksal der Mehrheit geworden war, erkannte man die Inhumanität dieses Systems und forderte die »Humanisierung des Arbeitsplatzes«.

Das Strafrecht dient der Gerechtigkeit; »human« ist es allein durch seinen Zweck: die Gesellschaft zu reinigen oder zu schützen; das Mittel dazu war die Peinigung, die Isolierung, die Beugung des Delinquenten; Justitia war auch hierin blind; als man erkannte, daß diese Mittel

8

das Übel verewigen, indem sie die Menschlichkeit des Straftäters weiter zerstören, rief man nach der »Humanisierung des Strafrechts«.

Die Wissenschaft ist zunächst nichts als die Rationalisierung der Erkenntnis; als die Organisation dieser Rationalität, die Sicherung ihrer Freiheit, die Perfektionierung ihrer Methoden die Wissenschaftler hinreichend weit von ihren Lebens- und Erkenntnisinteressen getrennt hatten, verlangten die empfindsameren und weitblickenderen unter ihnen die »Humanisierung der Wissenschaft«.

Und das gilt sogar für die ausgesprochen nicht-institutionalisierten Verhältnisse:

Die Natur war Jahrtausende hindurch des Menschen Feind oder ein Objekt seiner Ausbeutung. Seit wir ihre Rückschläge nicht nur verstehen, sondern ihnen auch nicht mehr ausweichen können, sprechen wir von der Notwendigkeit, menschlich mit ihr umzugehen – eine humanere Umwelt zu schaffen.

In all diesen Fällen ist irgendwann ein Nebenprodukt zur Hauptsache geworden, haben die Mittel die Ziele, die geduldeten Folgen die gemeinten Absichten überwuchert. Und dann irgendwann hat »der Mensch« reagiert – gegen das vermeintliche Sachgesetz, gegen die subjektlose Entwicklung, gegen sein eigenes Objektsein, gegen einen allgemeinen und – wie es scheint – unentrinnbar gewordenen Zustand. Diesen Aufstand nennt er »Humanisierung«.

Wer wie ich gern ins Kino geht, kann zur Zeit in Deutschland den Film sehen »Einer flog über das Kukkucksnest«. Er spielt in einem Irrenhaus und zeigt, wie die Verabsolutierung der Therapie, die buchstäblich um jeden Preis angewendet wird, zur Zerstörung der Personen und ihres bißchen selbstgelebten Lebens wird. Der Film ist eine vollendete Metapher unserer großen gesellschaftlichen Institutionen. Er bringt uns spontan auf die Seite der Irren, weil ihr Wahn unschuldig, menschlich ist; der Wahn- und Widersinn der Anstalt dagegen ist unmenschlich, unnatürlich und unnötig. Der Film zeigt auch, daß man ihm entrinnen kann – und wie schwer das ist.

Ich habe soweit ausgeholt, weil die Wahrnehmung der Inhumanität der Schule m. E. – genau wie in den genannten Beispielen auf ganz anderen Gebieten – die Wahrnehmung einer Verselbständigung der Einrichtung oder der Unentrinnbarkeit eines Verhältnisses ist und nicht nur, wie wir meinen: die Aufdeckung von einzelnen Mißbräuchen und Fehlentwicklungen, für die man sich gegenseitig verantwortlich machen kann. Ich sage dies, weil das Problem sehr viel schwerer zu lösen ist, wenn es dort liegt, wo ich es vermute. Was haben wir davon, wenn einer aufzählt, die Schule müsse, um human zu sein, vor allem

– gerecht
– freundlich
– kind- oder altersgemäß
– angstfrei
– interessant
– über sich selbst hinausweisend, nützlich, funktional
– differenziert und variationsreich, nämlich auf unterschiedliche Bedürfnisse, Interessen, Entfaltungsmöglichkeiten eingerichtet
– kompensatorisch und therapeutisch

sein, wenn sie selbst zunehmend ein den Menschen

10

unheimliches, nicht bekömmliches, nicht bewältigbares, entfremdendes Verhältnis konstituiert?

Ich meine, daß sie das heute tut – ganz gleich, ob sie reformiert oder antiquiert ist –, daß sie dies gleichsam unschuldigerweise tut. Ich meine, daß die Schule das tut, weil sie in einer Welt wie der unseren unversehens eine andere Funktion bekommen hat, und daß die »Inhumanität«[1], gegen die jetzt protestiert wird, nicht richtig verstanden und nicht wirksam bekämpft wird, wenn wir die Schule in ihrer alten Funktion belassen und mit jenen eben aufgezählten humanen Eigenschaften zu verbinden trachten.

Unter ihnen habe ich eine ausgelassen, die die anderen alle gefährdet und ohne die die Unmenschlichkeit geradezu programmiert wird: die Ehrlichkeit. Was in der Tat haben wir, wenn die Schule (mit dieser Abstraktion meine ich die Personen, die aus der Schule ihren Beruf gemacht haben: die Lehrer, die Lehrerbildner, die Schulverwaltungen) nicht weiß und eingesteht

– daß sie allen schönen Absichten und Bezeichnungen zum Trotz (»Erfahrungsraum«/»Lerngemeinschaft«/»Kinder- und Jugendkollektiv«/»a place for kids to grow up in« etc.) eine Schule bleibt, ein Ort, an dem Kinder den Absichten der Erwachsenen gefügig und mit deren Erkenntnissen, Einrichtungen, Wertungen vertraut gemacht werden
– daß Schule eine unvermeidliche Maßnahme zur Un-

---

[1] »Inhumanität« ist nach meinem Gefühl stets ein übertreibendes, sich in seiner Wirkung abnutzendes Wort für die teils *unerfreulichen*, teils *schädlichen*, teils *sinnlosen* Zustände, um die es geht.

terbringung eines immer größeren Teils der Bevölkerung ist, der im Arbeitsprozeß keinen Platz findet
- daß sie eine Vorauslese trifft für die entscheidenden
  Funktionen in der Gesellschaft
- daß sie dabei nicht unparteilich ist (Lehrer sind keine
  Arbeiter; sie sind auch keine Unternehmer; sie sind
  Beamte und haben einen Brot- und Auftraggeber;
  sie haben an einer Hochschule studiert und wären
  vielleicht gerne Wissenschaftler geworden; sie sind
  Aufsteiger oder Absteiger und mögen beides nicht
  zugeben; sie haben wie kaum ein anderer Beruf ein
  »Sozialschicksal«)
- daß die Schule selbst nicht frei ist (sie »emanzipiert«,
  falls sie dies tut, im Auftrag anderer)
- daß die Lehrer abhängige agents/Funktionäre der
  übrigen erwachsenen Gesellschaft sind, den gleichen
  Ängsten unterworfen wie sie, den gleichen Verfüh-
  rungen, Irrtümern und Zwängen
- daß die Schule die Welt, wie sie ist, nicht simulieren
  kann
- daß sie die Welt, wie sie ist, nicht ausschließen, nicht
  außer Kraft setzen kann
- daß sie die Welt von sich aus nicht ändern kann
- daß sie gleichwohl ein tollkühnes Unterfangen eingeht: Möglichkeiten zu entwickeln, die die Welt versagt, Ziele zu setzen, die die Welt verneint, Haltun-
  gen zu bestärken, die die Welt bestraft . . .

Mit einem solchen »ehrlichen« Eingeständnis würde
die Schule ihre Freundlichkeit, ihre Angstfreiheit, ihre
Interessantheit, ihre Nützlichkeit wieder zerstören.
Ohne dieses Eingeständnis wird sie zum Betrug und
damit in einem radikaleren Sinn inhuman.

Mit diesen Überlegungen im Rücken kann ich der heute oft gehörten Behauptung standhalten, die pädagogische Reform – in Deutschland in den zwanziger Jahren begonnen und in den sechziger Jahren wieder aufgelebt und weitergetragen – habe inhumane Verhältnisse hervorgebracht, obwohl sie das Gegenteil wollte. Als einer, der diese Reform nachdrücklich gewollt und mit seiner Arbeit unterstützt hat und sie nach wie vor will, zögere ich keinen Augenblick, zuzugeben, daß die Reform auch Pannen, ungewollte und unvorhergesehene Nebenwirkungen, neue Probleme erzeugt hat. Sie hat es getan und tun müssen, weil die Verhältnisse, die sie korrigieren wollte, so hartnäckig als die natürlichen, die geschichtlich gewachsenen ausgegeben wurden, daß die Reform nur in politischen Machtkämpfen durchgesetzt werden konnte: schneller, einseitiger, oberflächlicher als der Sache gut tat und häufig gegen den Willen oder die Überzeugung derer, die sie ausführen mußten.

Wen wundert die Heftigkeit der Durchbrüche nach so zähem Widerstand? Wen wundert es

– wenn immer größere, immer zentralere, immer »integriertere« Bildungseinrichtungen die örtlichen, kleinen Schulen überhaupt ablösen, nachdem diese zum Hort von Regionalismus und Konfessionalismus geworden waren – inmitten einer offenen, pluralistischen Gesellschaft und als Veranstaltungen des säkularen Staates

– wenn die Zusammenfassung aller Kinder »unter einem Dach« als Heil erscheint, nachdem die drei Schularten die soziale Schichtung der Gesellschaft reproduzierten und in sich selbst die Hindernisse gegen die Durchlässigkeit hervorbrachten

- wenn die Politisierung der Schule der politischen Abstinenz folgt – Weltverbesserungsgeräusche statt der in der Schule möglichen Politik: galt doch der Widerstand zunächst nicht den Übertreibungen, sondern einer jedweden Selbstverwaltung unter noch so beschränkter Beteiligung der Betroffenen wie der bloßen Erörterung der Politik, die man in der Schule nicht machen, aber doch sehr wohl in ihr vertreten und begründen kann
- wenn die Scheinobjektivität von Punkten, Tests und Diagnosebögen an die Stelle der Scheingerechtigkeit von Noten tritt
- wenn undurchschaubare, nicht wieder gutzumachende und darum Angst-erzeugende Prüfungen durch Buchhaltermentalität-erzeugende Akkumulation von Leistungsnachweisen ersetzt wird
- wenn der Mißbrauch der Hausaufgabe als Unterrichtsersatz und Disziplinierungshilfe deren völlige Preisgabe nach sich zieht und damit eine wichtige Übungsmöglichkeit, ein Anlaß, das selbständige Arbeiten zu lernen, entfällt
- wenn auf einen nicht mehr überzeugend begründbaren und umso hartnäckiger verteidigten Bildungskanon der klägliche Verzicht auf jegliche Auswahl und Begründung der Gegenstände folgt
- wenn eine auf bloßer Unkenntnis beruhende Verachtung der technischen Hilfen von einer plötzlichen Flut teurer, komplizierter, wenig wirksamer und bald reizlos werdender Apparate weggespült wird
- wenn die fast ausschließliche Beschäftigung mit Dingen, die immer erst später oder in toter Vergangenheit und jedenfalls nur außerhalb der Schule gelten,

14

mit der ausschließlichen Orientierung an hier-und-jetzt-Problemen der Kinder beantwortet wird, die sie ganz bald langweilen
- wenn die Einsamkeit der Schulleistung die stürmische Entdeckung der Gruppe, des Arbeitskollektivs mit sich bringt
- wenn die Ausrichtung der Gegenstände an den Bildungsvorstellungen des Bürgertums eine Betonung der proletarischen Kultur, der »schichtenspezifischen Sozialisation«, der Comics und der Reklame, der Fäkalsprache und der Schriftfeindlichkeit erzeugt
- wenn die Kindertümelei widerstandslos einer radikalen Verwissenschaftlichung weicht
- wenn die einseitige Festlegung von Leistung auf das Meßbare, Abfragbare, Vorhergeplante einer totalen Aufkündigung des Leistungsprinzips anheimfällt . . .

Mich wundert es nicht! Und es sage doch niemand, daß ich die Wirklichkeit der heutigen Schule gezeichnet hätte! Von ihr hat kaum ein Drittel diesen Umschlag mitgemacht – wenn er denn ein Umschlag und nicht ein schüchtern anlaufender Prozeß war.

Meine dreiteilige These lautet:
- Kinder sind heute anders, als wir sie wollen und uns vorstellen
- weil Kindheit heute anders ist, als wir bisher wahrgenommen haben
- und darum muß Schule anders werden, als wir uns – selbst innerhalb der Reform – vorgenommen haben.

Den drei Teilen der These gehen die drei folgenden Vorträge mit drei Fragen nach:

- *Was ist »Kindheit«?* – was sich nur im Verhältnis von Kindheit zu anderen Lebensabschnitten beantworten läßt, also mithilfe von weiteren Fragen wie: Was ist eine Generation und was ist ihre »Welt«? Vier Generationen – sind das vier Welten?
- *Wie sind Kinder heute wirklich?* – was sich nicht absolut, sondern nur für bestimmte Kontexte beantworten läßt, also mithilfe von weiteren Fragen wie: Was bedingt ihr Verhalten beispielsweise in der Schule, von der viele annehmen, sie verursache den »pathologischen« Zustand der Kinder, ja, sie sei selbst eine »sozialpathologische« Situation? und in der Frage mündet: Was das sei – eine Sozialpathologie der Schule? neben der es eine Sozialpathologie der Familie, des Betriebes, der Öffentlichkeit (beispielsweise des Verkehrs) schon gibt.
- *Wie muß eine humane Schule sein, damit sie für heutige Menschen-Kinder taugt?* – eine Frage, die mit einer anderen beginnt: Was macht die Schule inhuman – menschenunwürdig und menschenfeindlich?

Vier Generationen – vier Welten?

*Vortrag zur Eröffnung des Sozialkongresses
auf der Kieler Woche 1975*

Ich muß ein sehr angenehmer Schüler gewesen sein –
jedenfalls für meine Deutschlehrer. Ich war mit jedem
Thema zufrieden, das sie uns stellten, wenn es nur ir-
gendeine Ungewißheit enthielt, die ich klären, einen
Widerspruch, den ich aufdecken und auflösen, einen
Zweifel, dem ich nachgehen konnte. Ich räume gern
auf, bevor ich an die eigentliche Arbeit gehe.

Noch heute geht es mir so. Das mir für diesen Vortrag
gesetzte Thema »Vier Generationen – vier Welten?« ist
selbst als Frage formuliert, es *handelt* also von einer
Ungewißheit. Darüber hinaus *enthält* es für mich gleich
vier andere:

– Was ist eine Generation?
– Warum ist hier von *vier* Generationen die Rede?
– Wie ist die Metapher, das Bild von der »Welt« (z. B.
  des Kindes) zu verstehen?
– Aus welchem Anlaß kommt die Frage? Welcher Be-
  hauptung begegnet sie mit welchem Zweifel?

Beim »Aufräumen« dieser Fragen habe ich gemerkt,
daß ein großer Teil des gemeinten Problems in unseren
Denk- und Vorstellungsweisen liegt.

Wir sehen, daß unsere gemeinsame Lebenswelt ausein-
anderfällt:

– Es gibt eine »Welt« der Kinder, eine »Welt« der
  Jugendlichen, eine »Welt« der Alten.
– Sie sind Subkulturen der Erwachsenenwelt.

– Sie sind einander fremd, ja feindlich.
– Und wir suchen die Ursachen.
Wir sehen nicht, daß schon die begriffliche Einteilung
eine Folge des Anspruchs der Erwachsenen ist, die Welt
nach ihren Zwecken zu ordnen – die Folge einer Einteilung, die wir aus anderen Gründen *wollen.* Die meisten
Maßnahmen, mit denen wir die Kinder, die Jugendlichen und die Alten in die gemeinsame Welt zurückho-
len versuchen, setzen schon voraus,
– daß es Kindheit, Jugend, Alter als eigene Lebensfor-
    men gibt und
– daß man etwas an jenen »Welten« und an den Bezie-
    hungen zu ihnen ändern müsse, statt an unserer eige-
    nen Welt, die jene erst hervorgebracht hat.
Das Aufräumen hat mich also tief in meine Aufgabe
hineingeführt. Darüber will ich Ihnen heute berichten.

Was ist eine Generation?

Wenn die Menschen sich fortpflanzten wie die Maikäfer
und Engerlinge, wenn sie auf einmal ganz verschwän-
den, um auf einmal wieder als andere Wesen aufzutau-
chen, es gäbe weder die Menschheit, noch die Kultur,
noch den Vorgang, den wir Erziehung oder Bildung
oder Überlieferung nennen, noch all die damit verbundenen Schwierigkeiten und Konflikte: es gäbe nicht
einmal jemanden, der die »Generationen« zählte. Ihre
Zahl und Reihenfolge wären gänzlich gleichgültig – wie
die Zahl und Folge der Atemzüge, die wir im Laufe
unseres Lebens tun.
An diesem Gedankenspiel, von dem ich später bei Karl

Mannheim gelesen habe[1], daß David Hume es schon gespielt hat (mit Schmetterlingen und Raupen), lernen wir freilich nichts über den Sinn des Generationenwechsels; wir erfahren etwas über seine Folgen – über den Sinn von Tradition, von Weitergabe und Übernahme, von Abwandlung und Ablehnung angesammelter Erfahrungen, Vorstellungen und Einrichtungen der voraufgegangenen Menschen. Generationen gibt es nicht, weil es Tradition gibt, sondern umgekehrt.

Erkennen wir in diesem Spiel auch nicht, warum der liebe Gott uns nicht wie die Maikäfer geschaffen hat, so erkennen wir doch, warum und worin der Generationswechsel für uns wichtig ist. Er ermöglicht – biologische und kulturelle – Erneuerung, das Ansammeln oder Abstreifen von Erkenntnissen und Mitteln, also etwas, was wir, wenn schon nur zögernd »Fortschritt«, so doch ohne Zögern »Anpassung an veränderte Verhältnisse« nennen. Damit eine solche Entwicklung geschehen kann, muß noch etwas hinzukommen: Wo die Menschen – wie bei uns – alle gleichzeitig im Alter zwischen 25 und 30 ihre Familien gründen und Kinder haben, würde die Menschheit etwa alle 30 Jahre *schlagartig* neu beginnen. Daß sie es nicht tut, »verdankt« sie der Tatsache, daß die Menschen nicht alle gleichzeitig heiraten und Kinder kriegen. Indem die Welt jeden Tag zu einem kleinen Teil »neu« wird, bleibt sie im großen ganzen »alt« – nämlich sich gleich. Die ungezählten »Zwischengenerationen«, die alle Nichtgleichaltrigen

---

[1] Karl Mannheim: Das Problem der Generation, in: L. v. Friedeburg (Hrsg.): Jugend in der modernen Gesellschaft, Köln/Berlin 1965 (Kiepenheuer & Witsch).

für uns darstellen, sind die gesellschaftliche Wahrheit. Die Zählung nach Generationen beruht auf einer Fiktion.

Denn ob einer noch zu meiner oder schon zur nächsten Generation gehört, ob die Zwischengenerationen und welche von ihnen sich zu einer erkennbaren und eigenen Generation zusammenfügen, hängt nicht von der »Natur« ihres Alters ab, sondern von der geschichtlichen Erfahrung, die sie gemeinsam haben und wahrnehmen. Diese wiederum hängt nicht davon ab, was, sondern wie erlebt worden ist. Das gleiche Jahr 1945 ist anders, wenn einer es mit 50 als das Ende eines zweiten verlorenen Krieges erlebt (und zugleich als Chance für seinen 15jährigen Sohn, alles ganz anders zu machen als er), oder einer mit 25 als Ende seiner Jugend und zugleich als Rückkehr in die Ordnung der Alten, oder einer mit 15 als versäumte Bewährung, oder einer mit 5 als einen merkwürdigen Augenblick, an dem die anderen plötzlich ihre Meinungen und ihr Gebaren änderten und sonst – für ihn – nicht viel.

Und wieviel mehr gilt dies, wenn nicht »Ereignisse«, sondern Zustände, Tendenzen, Einrichtungen, Stimmungen unterschiedlich erlebt und die Wirkungen davon spät in anderen Einstellungen zutage kommen und sich gegeneinander kehren. Diese vielfach gebrochene Wechselwirkung, die Karl Mannheim so beschäftigt hat, scheint es fast unmöglich zu machen, daß eine Epoche gemeinsame »Generationen« hat. Fast immer sind sie die Erfindung eines starken Geistes, der eine suggestive Formel dafür anbot (z. B. die »skeptische Generation«), Produkt eines erklärungsbedürftigen Anlasses (z. B. der Studentenbewegung) oder einer

Kontrastwirkung (z. B. die »Generation der Unbefangenen«). Wenn man zu einer Zeit von »vier Generationen« sprechen kann und mehr meint als ein Altersschema, wenn man also sagen kann »vier Welten«, dann muß es sehr durchschlagende gemeinsame Grunderlebnisse für größere Altersgruppen geben – und die Hoffnung, daß man die so entstandenen »Welten« durch Maßnahmen auflösen kann, wird alsbald sehr schmal. Fragen wir zunächst weiter:

Warum »vier« Generationen?

Im allgemeinen sprechen wir von drei Generationen und meinen die, in deren Abfolge sich der einzelne Mensch sieht: das Kind, seine Eltern und seine Großeltern. Sie können sich leibhaftig kennen, sie leben in der gleichen Zeit. Urgroßeltern – als eine vierte Generation – sind auch heute eine Seltenheit und sind in unserem Thema sicher nicht gemeint. Gemeint sind in der Tat jene abstrakteren »Generationen«, die eigentlich »Altersgruppen« heißen sollten, und die diesen zukommenden *Lebensformen:* 1. Kindheit, 2. Jugend, 3. Erwachsensein und 4. Alter. Diese Einteilung ist uns so geläufig, daß uns andere kurios, spitzfindig oder unnötig erscheinen. Ich habe unlängst einen Stich aus dem Ende des 18. Jahrhunderts gesehen, auf dem nicht weniger als zwölf Lebensalter abgebildet waren. Die Unterschiede bestanden mehr in der Größe und Stattlichkeit der Personen und in kleinen Attributen (Wiege, Gängelband, Bart, Brille, Krückstock) als in Funktionen (angedeutet durch Spielzeug, Schulbuch, Ehe). Übergänge schienen wichtiger als Abstufungen.

Im Orbis Pictus des Comenius vom Jahre 1658 werden »Sieben Alter des Menschen« aufgezählt und aufgezeichnet auf einer Stufenpyramide:

Der Mensch ist
erstlich ein Kind (infans)
darnach ein Knab (puer)
dann ein Jüngling (adolescens)
wiederum ein Jungmann (iuvenis)
folgends ein Mann (vir)
alsdann ein Altmann (senex)
endlich ein Greis (silicernium)
Also auch im anderen Geschlecht
sind das Püpchen (pupa)
das Mägdlein (puella)
die Jungfrau (virgo)
das Weib (mulier)
die Altfrau (vetulla)
die Altmutter (anus decrepita)

Man merkt, wie die deutsche und die lateinische Liste sich gegenseitig hervorgebracht und gelegentlich künstlich ergänzt haben. Es geht um eine Sprachübung – und wenn wir eine solche vornähmen, kämen auch wir mühelos auf ein Dutzend Unterscheidungen oder mehr. Was wir tatsächlich an jenen alten Bildern lernen, ist, (a) daß die Einschnitte nicht »naturgegeben« sind und (b) daß man für eine Gliederung in vier »Generationen«, die obendrein noch asymmetrisch angeordnet sind, eigene Gründe suchen muß. (Die Asymmetrie wird übrigens noch auffälliger, wenn man die fünfte Altersgruppe hinzunimmt, die in unserer Gesellschaft einen eigenen Status mit eigenen Einrichtungen, Rücksichten, Bewertungen hat: die Babys, die Kleinst- und Kleinkinder.)

Tatsächlich sind mindestens »Kindheit« und »Jugend« historische Kategorien und relativ jung. »Kindheit« als eigene Lebensform, als sozialen Stand, gibt es in Europa etwa seit dem 15. und 16., »Jugend« seit dem 17. und 18. Jahrhundert.

Das eine, die Kindheit, so sagen uns die Historiker, kommt auf Grund von zwei anderen historischen »Erfindungen« zustande: der Familie und der Schule; das andere, die Jugend, auf Grund der Kollegs und des Militärs.

Diese – hier vereinfachten – Tatbestände sind einigermaßen verblüffend. Hat es nicht zu allen Zeiten »Familien« gegeben und zu allen Zeiten Kinder, die man von jungen Leuten, Burschen, Knappen, Jünglingen, Maiden, Jungfrauen, Fräuleins – und vollends von den Erwachsenen – unterschied? In der Tat – aber der Unterschied wurde an anderer Stelle gemacht und hatte eine andere Bedeutung. Am deutlichsten wird das am Gegenbild – an der mittelalterlichen und, wie ich hinzufügen möchte, an der mittelmeerischen, d. h. noch heute im Mittelmeerraum zu findenden Gesellschaft:

Das Kind wächst in der Gesellschaft auf; sobald es sich allein fortbewegen und verständlich machen kann, lebt es mit den Erwachsenen – in einem informellen natürlichen »Lehrlingsverhältnis«, ob dies nun Weltkenntnis oder Religion, Sprache oder Sitte, Sexualität oder ein Handwerk betrifft. Kinder tragen die gleichen Kleider, spielen die gleichen Spiele, sehen und hören die gleichen Dinge wie die Erwachsenen, haben die gleichen

Zeiten, essen und trinken das gleiche und haben keine von den Erwachsenen getrennten Lebensbereiche.

Als im 15. (und 16.) Jahrhundert die Kern- oder Kleinfamilie aus der Auflösung des Stammes- oder Geschlechterverbandes (juristisch und praktisch) durch die Konsolidierung des Zentralstaates entsteht, wendet sie sich ihren Kindern zu. Aus dem fröhlichen kleinen Hätschel- und Haustier wird ein Gegenstand der moralischen Sorge und Zucht, aus dem Teilnehmer an allem ein abgesonderter Schüler und Zögling. Die Pädagogik schafft sich die Kindheit.

In dieser Funktion wird die Familie auch von der Kirche zunehmend anerkannt und gefördert. Elternsein wird ein gesellschaftlicher Beruf.

Im 16. und 17. Jahrhundert kommen die Schulen hinzu. Kindheit wird – vor allem von den Jesuiten – als die Zeit der eigentlichen Formung des Menschen erkannt und systematisch genutzt.

Wie sehr Elternhaus und Schule auch sonst miteinander rivalisieren: an der Entfernung des Kindes von der Gesellschaft wirken beide kräftig zusammen.

Die Trennung von Erwerbsbetrieb und Haushalt, die spätere Industrialisierung lieferten weitere Gründe für die pädagogische Kasernierung der Kinder. Die heutige Großstadtkultur mit ihrem starken Verkehr, ihren in Gehäusen verborgenen Tätigkeiten, ihren Sicherheitsvorschriften und Jugendarbeitsschutzgesetzen erzwingt zugleich ein hohes Lernpensum in der Kindheit und eine Quarantäne für die Kindheit.

»Jugend« als ein sozialer Stand ist historisch teils älter, teils jünger als »Kindheit«. Söhne aus ritterlichen Familien wurden als Knaben und Jünglinge besonderer Abrichtung und Bewährung ausgesetzt. Für Söhne von Bauern, Handwerkern, Bürgern war es üblich (und für die jüngeren unter ihnen nötig), einen Beruf anderswo zu lernen.

Daß man oft schon lange vor der Pubertät auszog – Thomas Platter mit 9 oder $10^1/_2$, er wußt' es nicht genau – und daß das Handwerk auch ein gelehrtes sein konnte oder auch ein geistliches, muß uns hier nicht kümmern: es gab für die männliche Jugend eine eigene Lebensform und besondere Institutionen, die in der Regel weder von älteren noch von jüngeren besucht wurden. Als dann die oberen Schulen – gleichsam auf Grund der »Curriculum-Reform« des 16. und 17. Jahrhunderts – auch die Schulen älterer Jugendlicher wurden, entstand so etwas wie eine geschlossene Altersgruppe der Nichtmehrkinder und Nochnichterwachsenen.

Aber »definiert« war Jugend nicht, bis es zur Einführung der Militärdienstpflicht unter den absolutistischen Fürsten im 17. Jahrhundert kam. Die Ausdrücke »Schüler«, »Scholar«, »Student« oder »Bursche«, »Jüngling«, »junger Mann« wurden abwechselnd für die gleiche Person gebraucht – und das mit Recht in einer Zeit, in der man sich mit 14 an einer Universität einschreiben oder Leutnant in der Armee Ludwig XIV. von Frankreich sein konnte.

Die »Generationen« – das will ich mit alledem sagen – um die es hier geht, sind (a) historisch entstanden und (b) durch bestimmte gesellschaftliche Einrichtungen bedingt. Das heißt nicht, wie man heute gegenüber geschichtlich Gewordenem gern und flink argumentiert, daß sie willkürlich seien oder leicht zu beseitigen.

Es heißt vielmehr, daß man hinter die Erscheinungen auf Ursachen zurückgehen muß.

Daß es neben Kindheit und Jugend das ungleich längere Erwachsensein, die Zeit der geordneten, verantworteten Tätigkeit, des »Haushaltens«, wie es im Indischen so schön heißt, gibt und das Greisenalter, die Zeit der erzwungenen oder freiwilligen Zurücknahme, ist zwar auch nicht selbstverständlich, aber in der Geschichte und in den verschiedenen Kulturen weniger unterschieden – jedenfalls überall, wo Menschen arbeiten müssen.

In einem genauen Sinn »macht« also die Gesellschaft die Lebensalter, und zwar weil sie sie in der und der Form braucht. »Die Gesellschaft« aber ist zunächst immer der Erwachsene, der bei Comenius auf der mittleren obersten Stufe steht, während die anderen links und rechts zu ihm herauf oder von ihm herabsteigen. Die Einteilungen, Maßnahmen und Maßstäbe gehen von ihm aus. Auf seiner Seite steht das moralische Recht; ihm fallen die Verantwortungen und Pflichten zu: die Kinder behüten und erziehen; die Jugendlichen – als Lehrlinge, Konfirmanden, Studenten, Rekruten – an die Aufgaben heranführen, sie beteiligen und ihnen standhalten; die Alten versorgen. Wann, in welchem Augenblick unseres Lebens, haben wir jene exponierte mittlere Stufe bestiegen? Wie und wodurch sind diese Bürden auf uns gekommen? Und ist es nicht das Problem der meisten alten Leute, daß sie nicht wahrnehmen, daß sie ihnen wieder abgenommen worden sind?

Mit den Verantwortungen kommen auch die Zweifel, die Beschuldigungen, das schlechte Gewissen:

- wegen der »manipulierten« Kinder
- die anders lebenden, die »entfremdeten« Jugendlichen
- wegen der »alleingelassenen« Alten »ohne Hoffnung«,

die allesamt wiederum die Ratlosigkeit der Erwachsenen ausmachen. Heißen nicht 90% des »Stoffes, aus dem die ›Probleme‹ sind«, *Erwachsensein:* Kultur, Kontinuität, Fortschritt, Ordnung, Friede, Verantwortung, Wahrheit, Gerechtigkeit, Sicherheit, Beruf . . .? »Träume« gibt es da kaum.

Kinder können Katastrophen genießen und in der Geborgenheit einer Familie verzweifeln; sie können Wonnen in der Dienstbarkeit finden und tödliche Angst in der Freiheit; sie können es genau *so* haben wollen und zugleich ganz anders; Gerechtigkeit ist ihr Höchstes, und im nächsten Augenblick üben sie Gewalt.

Die Widersprüche in der Gefühls- und Gedankenwelt des Jugendlichen und der Gegensatz zu denen der Erwachsenen sind eher noch größer. Für uns ist die erinnerte eigene wie die an anderen Jugendlichen erlebte Jugend eine schizophrene Lebensphase. Für den Jugendlichen ist umgekehrt das Leben der Erwachsenen gespalten: eine – freilich berechenbare – Heuchelei.

Und auch die Alten, die trotzigen oder müden, die besserwisserischen oder weisegewordenen, die verschmitzten oder verbitterten, haben eine andere Grundansicht vom Leben als die – sagen wir: mittleren – Erwachsenen.

Ließen wir jene anderen »Generationen« die Figur des Lebens – und in ihm des Verhältnisses der verschiedenen Lebensalter zueinander – malen, es käme nicht jenes Siegerehrungspodest des Comenius heraus, auf dessen oberster Stufe der Erwachsene steht als der natürliche Höhe- und Mittelpunkt, als der Verwalter, Vermehrer und Vermittler der gemeinsamen Welt.

Die anderen »Generationen« würden Bäume, Karussells, Wippen, Uhrwerke, Puppenhäuser, Labyrinthe, eine Insel mit Wilden Kerlen und dergleichen malen – und nur selten verfiele einer auf das Bild, in das wir ihren Zustand fassen, wenn wir unglücklich darüber sind: das Bild von den Vier Welten (die »leider« nicht mehr die Stufen von und zu uns sind).

Was meint das Bild von den vier » Welten«?

Erinnern wir uns an das Gedankenspiel von David Hume: Wenn wir Menschen uns fortpflanzten wie Maikäfer oder Schmetterlinge . . . David Hume spielt das Spiel so weiter: Wenn diese Schmetterlings- oder Maikäfer-Menschen auch noch über höchste Intelligenz verfügten, sie könnten sich für die Dauer ihrer Existenz die ihnen jeweils genehme Gesellschafts- oder Regierungsform selber aussuchen, ja es wäre angebracht, so zu verfahren. Denn man versteht in der Regel, was man selber gemacht hat. Lernen, wie es ein anderer gemeint hat, ist dagegen schwer und voller Risiken.

Da wir nicht so sind wie die Schmetterlinge und Maikäfer, müssen die Nachgeborenen notgedrungen von den Vorgeborenen lernen, was das für eine (obendrein »gemachte«) Welt ist, in die sie gelangt sind, welche Chancen und welche Gefahren sie birgt und welcher Mittel man sich in ihr tunlichst bedient.

28

Die Vorgeborenen geben damit einen Teil ihrer Verfügung über die Welt an die Nachgeborenen ab. Sie tun dies nicht selbstlos: Eines Tages werden sie selber alt und schwach sein; dann sind sie auf den Dank, den Anstand, die Tüchtigkeit der Nachgeborenen angewiesen. Sie leben alle in *einer* Welt. Diese aufteilen zu wollen in verschiedene Welten, wäre gefährlich. – Das ist – wenigstens theoretisch – leicht zu erkennen.

Nicht so leicht zu erkennen ist, daß das Überliefern auch dem Überlieferten zugute kommt: Die Älteren müssen sich dabei klarmachen, worin ihre Kultur »eigentlich« besteht und wie man sie erklärt und rechtfertigt. Das Kind fragt: »Warum darf ich nicht schlagen?« »Wie wird man reich?« »Wozu gibt es Kirchen?« »Wer oder was ist schuld, daß mehr Parkplätze als Spielplätze gebaut werden?« Und indem die Fragen wechseln und die Antworten in der veränderten, sich verändernden Welt immer neu glaubhaft gemacht werden müssen, bleibt die *eine* Welt erhalten, kann die Kultur fortbestehen.

Diese Einheit der gemeinsamen Welt ist also keine natürliche Voraussetzung (deren Schwinden oder Zerstörung man trauernd registriert), sondern eine Aufgabe. Die Nachgeborenen sind zwar keine »neue Welt«, sie sind aber auch nicht selbstverständlich ein Bestandteil der unseren. Das werden sie erst durch unsere Anstrengung. Haben wir obendrein, wie ich vorhin zu zeigen versuchte, in der Kultur selber die Schranken zwischen den »Generationen« eingezogen, müssen unsere Anstrengungen für die Kontinuität und Ganzheit außerordentlich sein. Diesen wiederum steht das tradierte Bild von der Tradition im Wege. Es läßt z. B. nicht erkennen, daß es heute oft gar nicht mehr die Älteren sind, die die Jüngeren belehren, sondern die Gleichaltrigen, ja, daß in einer sich sehr schnell entwickelnden Kultur die Älteren sich hüten müssen, das, was sie selber hervorgebracht haben, auch selber endgültig zu deuten: Es könnte sein, daß sie seinen Wert übertreiben, seine Gefährlichkeit unterschätzen.

Margaret Mead, die diese Theorie am kühnsten vertritt, meint, daß wir in eine neue Phase der Kultur überhaupt eintreten, in der der Sinn unserer Erfindungen und Erkenntnisse, die Bedeutung unserer Taten, die Tragweite unserer Institutionen erst der folgenden Generation wirklich offenkundig werden, so daß wir Erwachsenen bereit sein sollten, wenn nicht von dieser Generation, so doch an dieser zu lernen.

Wenn wir fortfahren, unsere Erwachsenenexistenz zum Maßstab zu machen, wird die nachfolgende Generation just das nicht lernen können, was zum Erwachsensein gehört: die Selbstverantwortung in einer nicht selbst gemachten Welt. Die Kinder wollen ihrer Kindheit um jeden Preis entrinnen, groß, ungebunden, im Recht sein wie wir; die Jugendlichen weigern sich, Verantwortung zu übernehmen, sich auf das System einzulassen, sie wandern nach innen aus.

Der Konflikt zwischen den Generationen drückt heute nicht nur die normale und heilsame Schwierigkeit aus, eine komplexe historische Kultur und ihre vielen Festlegungen zu vermitteln und zu begründen. Die Alten scheinen vielmehr den Jungen überhaupt nicht mehr überzeugend sagen zu können, wozu eine Kultur gut ist, in der Auschwitz und Vietnam passieren konnten, in der man fast alles Unheil vorhersagen und fast keines verhindern kann, in der die Maßnahmen das Gegenteil des Beabsichtigten hervorbringen: Schule erzeugt Unlust am Lernen, das Gesundheitswesen erzeugt Krankheit, Rüstung erzeugt Unsicherheit, zunehmender Reichtum erzeugt zunehmende Verwahrlosung, zunehmende Kommunikation erzeugt zunehmende Leere und Langeweile – ja, wie will man erklären, wozu eine Kultur gut ist, in der fast niemand mehr zuversichtlich ist! Wenn aber die Vermittlung eines solchen »Sinnes« nicht mehr gelingt, wird die nächste Generation die Kraft und die Hingabe nicht mehr aufbringen die jede Kultur braucht; die Jungen werden sie fallen lassen wie eine Bananenschale – und viele tun dies schon jetzt.

Kommt einer und kehrt die Sichtweise um und macht beispielsweise das Kind zum Maßstab (wie Janusz Korczak – oder auf ganz andere Weise Alexander Neill – dies tut), dann wirkt das auf uns wie Literatur – wie Kitsch oder Satire. So falsch es ist, die Zwecke und Lebensformen der Erwachsenen zum alleinigen Maßstab zu machen, so falsch scheinen mir die Bemühungen, eine eigene Jugendkultur oder gar Kinderkultur zu schaffen. Mit diesem wohlmeinenden Gedanken, der Schutz der Kinder vor der Überwältigung durch uns Erwachsene meint, ist leider zugleich a) die Trennung von uns Erwachsenen, b) das Alibi für das unveränderte Beibehalten unserer eigenen Welt verbunden.

Sind die Ansprüche der anderen Generationen wirklich nur zu erfüllen, indem man getrennte »Welten« für sie schafft? Und bekommt das unserer Erwachsenenkultur wirklich gut? Was wäre unsere erwachsene Kultur, was wäre unsere »geregelte Tätigkeit« »unter geordneten Verhältnissen« am »festen Aufenthalt«, wenn es Spiel,

Verschwendung, Verstellung des Kindes, Muße, Mutwille, Zorn des Alters, Protest, Utopie, das Vagabundieren der Jugendlichen nicht gäbe! So schwer es uns fällt, andere Maßstäbe gelten zu lassen als die, nach denen die heutige Welt noch gerade funktioniert – an vielem zweifeln wir doch selbst schon: an Notwendigkeit und Segen von Wachstum, Fortschritt, Produktivität, Wissenschaftlichkeit, Machtentfaltung, militärischer Sicherheit, nationaler Identität, Wohlanständigkeit, Wahrung des Besitzstandes . . .

Was können uns die anderen – die Kinder, Jugendlichen, Alten – alles entgegenhalten, welchen Warenhauskatalog voll erwachsener Unvernunft, die sich mit jenen Tugenden schmückt!

Eine Kultur, in der ein Kind als Kind glücklich sein und doch erwachsen werden kann; in der ein alter Mensch ohne Angst, ohne Gefühl der Nutz-, ja Wertlosigkeit leben kann; in der die Jugend mehr wollen kann, als in Ruhe gelassen zu werden – das wären, so scheint mir, keine schlechteren Maßstäbe als die unseren. Eine Kultur jedenfalls, in der das alles nicht gelingt, ist weder *eine* Welt noch *viele* Welten, wenn denn »Welt« etwas Ganzes bedeuten soll. Sie ist eine Ansammlung von Bruchstücken, weil jede der notwendig verschiedenen Welten einer einzigen Norm unterworfen wird.

Meine Vermutung, daß wir schon mit dem Thema dieses Kongresses der Schwierigkeit erliegen, die wir lösen wollen – und diese Schwierigkeit gibt es, und sie ist äußerst verstörend – zwingt mich zur letzten Aufräum-Frage:

Welchen Anlaß haben wir zu der Frage, ob die ›vier Generationen heute in vier Welten auseinanderfallen‹?

Ich werde mich bei der Beantwortung dieser Frage weitgehend auf die »Welt« der Kinder beschränken, weil ich für sie so etwas wie eine Zuständigkeit habe. Sie mag als Beispiel dienen: Man wird an ihr erkennen, wie es im Prinzip auch um die übrigen nicht-erwachsenen »Welten« steht. Außerdem: wenn ein Pädagoge darüber spricht, ist man verführt zu meinen, man könne oder müsse jene Altersgruppen durch pädagogische Maßnahmen aus ihrer Isolierung befreien, und dies halte ich nicht nur für falsch oder unwirksam, sondern für eine der Ursachen unseres Problems. Vor den Schwierigkeiten, die Menschen immer miteinander gehabt und einst für moralische Probleme gehalten haben, flüchten wir heute zunehmend in ein Verfahren, das selber als Prinzip das enthält, was wir aufheben wollen: die Unpersönlichkeit. Wir flüchten in die Arbeitsteilung, in die Objektivierung, in die Institutionalisierung, in die Rationalisierung der großen Zahl, in die Gruppendynamik, die aus der ethischen oder politischen Forderung eine Verhaltenstechnik macht. Längst sind nicht mehr nur Produktion und Verbrauch, sondern unsere Lebens-, Verkehrs-, Vergnügungs-, Gesellungs-, Erziehungs-, Pflege- und Versorgungsformen industrialisiert. Wir sind nicht mehr in erster Linie Personen für andere Personen, wir nehmen eine bestimmte Funktion wahr gegenüber nach Alter, Herkunft, IQ, Berufsziel, Schichtzugehörigkeit etc. vorsortierten »Zielgruppen«. Wir antworten auf – ganz menschliche – Probleme mit Maßnahmen und Einrichtungen. Al-

tersheime, Kinderkrippen, Ganztagsschulen, Jugend-
freizeitzentren, Erziehungsgeld – das alles ist sehr
vernünftig, aber bestätigt auch stets das System, das die
Probleme hervorgebracht hat, das System der getrennten Welten, der Sektionen, der Kompetenzschranken
und damit der Angst, der Abhängigkeit, der Isolierung.
Sie machen das falsche, uns enttäuschende und
entmündigende industrielle Lebensmuster an seinen
schmerzlichsten Stellen aushaltbar und verewigen es
so.
Von der Schule hat man gesagt, sie sei eine Bewahranstalt geworden (für Menschen, für die die Produktions-
gesellschaft in diesem Alter keine Verwendung hat); sie
sei ein systematischer »Abkühlungsprozeß« – ein Verfahren, durch das man den Anspruch, die Vitalität der
Menschen auf das reduziert, was die Gesellschaft befriedigen und vertragen kann; sie sei eine »totale Institution« geworden, die keine Maßstäbe von außen kennt
und braucht und deren Maßnahmen Antworten auf
eigene Maßnahmen sind.
Das sind nun gewißlich Übertreibungen – aber sie machen eine Gefahr deutlich, von der die Reform nicht
weniger wirksam ablenkt als die beflissene Restaura-
tion. Die Reform meint, die alten Leute aktivieren zu
müssen; sie sollen sich organisieren, sie sollen protestie-
ren und mehr fordern; sie sollen besser beschäftigt und
umfassender betreut werden (diese verräterischen be-
Wörter!). Nur für 4% der über 65jährigen gebe es
Plätze in Altersheimen, wird geklagt. Ich kann das nur
dort für ein Unglück halten, wo man den Alten das
versagt, was wir alle für uns selber wünschen: die Teil-
nahme an einem gemeinsamen Leben, Anerkennung

34

für das, was man ist und tut, ein bißchen Hilfe, ein bißchen Trost, ein bißchen Forderung – und wo man ihnen so wenig Lüge zumutet wie möglich.

Für die Jugendlichen ist nach meiner Vorstellung die Pädagogik nicht mehr zuständig. Sie verdirbt den Sinn dieses Lebensabschnittes, der auf Selbsterprobung angelegt ist. Die Beziehung zwischen Erwachsenen und Jugendlichen muß persönlich oder sachlich oder politisch sein; in der erzieherischen Abstinenz liegt hier die erzieherische Hilfe.

Für die Kinder schließlich scheint mir die wohlmeinende Vollpädagogisierung insgesamt das hervorzubringen, was man bei einzelnen Kindern beobachtet, die ohne die nötige Bezugsperson aufgewachsen sind: einen allgemeinen »Hospitalismus«.

Daß wir so erschreckend viele »verhaltensgestörte« Kinder registrieren, könnte bedeuten, daß unsere Einrichtungen immer weniger zu ihren vitalen Bedürfnissen passen, daß also ihr Verhalten nicht falsch, sondern diesen Lebensbedingungen gegenüber richtig ist. Wir haben, ohne es zu merken, so etwas wie eine andere Normalität erzeugt. Ich bin selber wieder seit einem halben Jahr an einer Schule als Lehrer tätig, nachdem ich 12 Jahre lang Studenten unterrichtet und in ihre Arbeit eingeführt habe. Ich nehme mit Staunen wahr, wie sich die Kinder – und damit die Aufgaben der Pädagogik – im Laufe jener Jahre verändert haben. Von Kindern meinen wir, sie seien wie das Gras – zu allen Zeiten gleich. Erst die Jugendlichen scheinen am Wandel der Gesellschaft, an der Geschichtlichkeit teilzunehmen (und so das jeweilige neue Generationsproblem zu erzeugen). Daß dies nicht so ist, habe ich jetzt gelernt. Die heutigen Kinder sind ganz offensichtlich die Kinder *ihrer* Zeit und *ihrer* Umwelt, sie sind ihr entlarvendster Spiegel. Sie sind nicht nur nervös, ungeordnet (»disorganized« nennt sie einer ihrer besten Kenner, Urie Bronfenbrenner[2]), vital, »gestört« – sie terrorisieren einander, sie streiten sich ununterbrochen (um Gegenstände, als lebten sie in tiefer Armut; um Rangplätze, als lebten wir vor Leviathan; um die Zuwendung der Erwachsenen, als lebten sie in einer besonders lieblosen Welt), sie vandalisieren das Gemeingut, sie sind weitgehend unfähig, anderen und sich selbst Freude zu bereiten, sie scheinen unfähig, tiefere und anhaltende Beziehungen zu Menschen oder Sachen einzugehen, ihre Sprache ist arm und im doppelten Sinn des Wortes »barbarisch« – und sie müssen ununterbrochen schreien.

Natürlich haben sie auch liebenswerte, ja bewundernswerte neue Eigenschaften, aber diese sind meist die unmittelbare Folge und Kehrseite einer ihrer Schwierigkeiten: aggressiv wie sie sind, können sie Erwachsenen frei, ungebeugt begegnen; indifferent, unkooperativ, unkritisch wie sie sind, können sie diese Schwächen ehrlich eingestehen und sehr beredt anklagen; ungeordnet wie sie sind, können sie in bestimmten Lagen sich selbst und ihren Anspruch zurücknehmen, fast ohne es zu merken. Liebenswert kommt uns Erwachsenen auch vor, daß und in wie hohem Maße sie uns brauchen: unsere bloße Gegenwart scheint Frieden zu stiften; sie leisten uns selten Widerstand, sie weichen allenfalls aus.

[2] Urie Bronfenbrenner: The Origins of Alienation, in: Scientific American, August 1974, S. 56.

36

Mein Erschrecken hierüber war so groß, daß ich zunächst nicht glauben wollte, daß » Kinder« » heute« » so sind«. Ich gab den besonderen Umständen meiner Schule, einer untypischen Auswahl von Kindern und auch meiner (mich womöglich täuschenden) Erinnerung die Schuld. Seitdem höre ich jedoch (weil ich eingehend danach frage), daß es mutatis mutandis überall so ist, wobei an sogenannten » liberalen« Schulen deutlicher ans Licht kommt, was anderswo verdeckt oder unterdrückt bleibt. Ein guter Historiker wie Philippe Ariès freilich belehrt mich, daß ich überhaupt eine falsche Figur verwende: nicht die Kinder sind anders (hier folgen die Adjektive), sondern die Kindheit (und hier folgen die Vorstellungen und Umstände und die vielen Widersprüche, die sich zwischen Vorstellungen und Umständen auftun).

Kindheit heute ist nicht die von *Helenes Kinderchen* oder des *Little Lord Fountleroy* oder auch nur von *Pippi Langstrumpf*. Kindheit ist ebenfalls nicht die, gegen die sich die radikal-emanzipatorische Kritik – mit theoretischem Recht, aber ohne praktische Bedeutung – richtet: die umsorgte, von Erziehungswut und Sentiment, von Kinderliebe und Geschwisterrivalität, von Spielphantasien und Wohlanständigkeit durchwaltete Existenz des Kindes in der bürgerlichen Kleinfamilie. Soviel davon *auch* da ist, vorherrschend beginnen andere Tatsachen zu werden, die – wie jene vorhin genannten – um so stärker wirken, als sie *von Ideen* begleitet oder getragen sind.

In der kurzen Wiedergabe dieser komplexen neuen Verhältnisse geraten meine Formeln notwendig einfach, pauschal, ja manchmal zur Karikatur. Aber hier geht es nicht darum, diese neuen Verhältnisse – Tatsachen und Ideen – zu beschreiben und nachzuweisen, sondern einen Kontrast, einen Wandel sichtbar zu machen.

Kindheit heute ist *Fernsehkindheit:* die Welt (von der die Erwachsenen reden, vor der sie Angst haben, auf die sie warnend hinweisen) erscheint verkleinert, zerstückelt, an- und abstellbar, in absurder Mischung, ohne Zusammenhang in sich und erst recht mit der Wirklichkeit. Dabei ist sie aufregend, extrem, glanzvoll und elend, übertrifft in allem meine kleine erlebbare Umwelt und macht sie unbedeutend.

Außerdem stimmt wenigstens für die Kinder, was Marshall McLuhan sagt: Das Medium, genauer die Mediatisierung, das Vermitteltsein ist (selber) die Botschaft. Die Inhalte treten hinter die Machart zurück. Die Berechnung mit der das Fernsehprodukt hergestellt worden ist, löst Berechnung aus; der errechnete Adressat und seine errechneten Wahrnehmungsgewohnheiten und Vorlieben werden bestärkt – also der Durchschnitt: Weil der durchschnittliche Fernseher eine Einstellung von mehr als 35 Sekunden nicht erträgt, darf keine Szene länger dauern als 35 Sekunden. Wenn die so »geprägten« Kinder dann in der Schule Konzentrationsschwierigkeiten haben – wen wundert's?

Kindheit heute ist *pädagogische Kindheit:* immer mehr Erwachsene filtern ihre Taten und Äußerungen gegenüber den Kindern durch das, was sie als »die richtige Erkenntnis von der Pädagogik« zu haben meinen; sie agieren und reagieren nicht spontan, nicht aufgrund dessen, wovon sie selber überzeugt sind, was sie selber erfahren haben und was sie darum »emphatisch« – einfühlsam – beurteilen können, nicht als die Person, die sie sind, auf die Person hin, die das Kind ist. Das Kind ist für sie ein schwieriges Behandlungsobjekt.

Natürlich hat es auch in anderen Zeiten Erziehungslehren gegeben, die die Beziehungen zwischen Erwachsenen und Kindern bestimmten. Aber allein, daß sie sich – wie etwa im Struwwelpeter – in Bilder und Typen bringen ließen, zeigt den Unterschied: dort gelebte Szenen mit drastischen Folgen – hier eine abstrakte, dem Kind nicht erklärliche Mittelbarkeit.

Kindheit heute ist *Schulkindheit*. Kindheit ist – außer durch die Familie – durch nichts so stark bestimmt wie durch Schule, obwohl man weiß und nachweisen kann, wie gering der Erfolg der Schule gemessen an ihren eigenen Erwartungen ist. Die Schulkindheit beginnt mit einer Vorschulkindheit: einem zwar spielenden aber doch vorgebahnten, auf Schulfertigkeiten ausgerichteten Lernen. Das ist auch dann der Fall, wenn ein Kind nicht in eine Vorschulklasse oder einen Kindergarten geht. Die Erwartungen an die »Idee« von Kindheit zielen prinzipiell darauf. Dies mag menschenfreundlich und klug gedacht sein – vorausgesetzt, daß die Schule in ihrer gegebenen Form notwendig ist. Diese Schule heißt ihrerseits: vorgeschriebene Gegenstände, Verfahren, Zeitabläufe, Verhaltensweisen und vor allem eine eigentümliche Konfiguration von Personen – 30 Gleichaltrige und ein Erwachsener. Und der Erwachsene ist ein Lehrspezialist, der nur für Kinder nützlich und wichtig ist und für alle anderen Menschen entbehrlich (wie viele der Gegenstände auch, die er lehrt).

Kindheit heute ist *Zukunftskindheit*. Sie wird nie ganz

in der Gegenwart gelebt, ist immer auf morgen, auf die (von anderen) geplante Welt bezogen, auf das Zeugnis am Jahresende, auf den Numerus clausus, auf den Beruf und den Arbeitsplatz – und auf alle Anforderungen, Vorstellungen, Maßstäbe, die *dann* gelten werden, aber jetzt noch nichts bedeuten.

Kindheit heute ist eine *Stadtkindheit,* eine Kauf- und Verbrauchkindheit, eine Verkehrsteilnehmerkindheit, eine Spielplatzkindheit, in der sich die Kinder nach Werner Düttmanns unsterblichem Wort als kleine »Spielbeamte« betätigen. Ihnen fehlen elementare Erfahrungen: ein offenes Feuer machen, ein Loch in die Erde graben, auf einem Ast schaukeln, Wasser stauen, ein großes Tier beobachten, es hüten, es beherrschen. Das Entstehen und Vergehen der Natur, die Gewinnung und Verarbeitung von Material zu brauchbaren, notwendigen Dingen, ein großer, dauerhafter, bedeutender Streit, der nicht bloß persönlicher Zank ist, der Ernstfall, der nicht Fiction oder Katastrophe ist, werden dem Kind – wie den meisten Erwachsenen – vorenthalten. Die Erwachsenen haben immerhin ihren Beruf, ihre Geld-, Zukunfts-, Erziehungssorgen, und mehr Abenteuer *wollen* sie meist nicht. Das Kind kann sich Bewährung und Risiko nur einbilden oder erlisten: durch Zerstörung und mutwilligen Verstoß gegen die Regeln, die Erwartungen und die Vernunft. Daß nicht einmal die Städte richtige Städte sind, sondern getrennte Wohn-, Arbeits- und Einkaufszonen, Slums *oder* Suburbs, kommt verschlimmernd hinzu.

Kindheit heute ist in der Tat *Kinder-Kindheit.* Das Kind lebt in seiner Altersgruppe oder mit Erwachsenen, die sich zu ihm pädagogisch: zu einem Kind verhalten.

40

Wir sind an die Schulklasse voller Gleichaltriger so gewöhnt, daß wir die Ungeheuerlichkeit, ja den pädagogischen Widersinn, der in der strengen Altershomogenität liegt, gar nicht mehr wahrnehmen – was es bedeutet, wenn man niemanden über sich hat und niemanden unter sich und die kleine Differenz auf einmal zur großen, beherrschenden wird (von der großen, nur durch äußere Disziplin zusammengehaltenen Schar ganz abgesehen!). M. Mead hat in ihrer Darstellung der von ihr so genannten postfigurativen Kultur gezeigt, was es einst hieß, als Kind oder Jugendlicher zurückzublicken und die sinngebenden »Figuren«, die gelebten Bilder dessen zu sehen, was Leben sein kann: in den Eltern und Großeltern – wie sie arbeiteten, miteinander umgingen, ihre Welt repräsentierten. In der heutigen präfigurativen Kultur sehen sie zwar noch Eltern und Großeltern, aber diese sind schon kaum maßgebend für das Leben, das ist, und gewiß nicht für das Leben, das sein wird; sie trauen sich das selbst gar nicht zu und stehen darum für nichts mehr überzeugend ein.

Kindheit ist heute für immer mehr Kinder *nicht einmal Kleinfamilienkindheit,* deren private Idylle uns die Fernseh- und Illustriertenreklame vorgaukelt und die nicht nur von Systemüberwindern an- und beklagt wird, sondern von so verschiedenen und kompetenten Leuten wie Bruno Bettelheim[3] und Erik Erikson[4] (die sie neurotisierend finden), Alva Myrdal[5] (die sie dysfunktional findet) und Philippe Ariès (der sie anti-gesellschaftlich findet)[6].

---

[3] Bruno Bettelheim: The Children of the Dream, Communal Child-Rearing and American Education, New York 1970 (Macmillan).

Urie Bronfenbrenner hat Daten zusammengestellt, denen zufolge 1974 in den USA 45% der Mütter einem Beruf außer Hause nachgingen, 1970 lebten 10% aller Kinder unter sechs Jahren in Haushalten ohne Vater, d. h. doppelt soviel wie ein Jahrzehnt zuvor; verdoppelt hat sich auch der Prozentsatz der Kinder aus geschiedenen Ehen; inzwischen erlebt jedes sechste Kind bis zu seinem 18. Lebensjahr die Scheidung seiner Eltern; in den »Familien« unterhalb der sog. Armutslinie (definiert als 4 000 Dollar Jahreseinkommen für vier Personen!) lebten 1974 45% aller Kinder in Haushalten ohne Vater; die Arbeit der Eltern (mit dem Weg dorthin, mit Einkauf, Haushaltung und anderen sozialen Verpflichtungen) verschlingt soviel Zeit und Kraft, daß das Kind den größten Teil des Tages (wenn es nicht in der Schule ist) sich selbst, dem »TV«, einem unbeteiligten Babysitter überlassen bleibt[7] – in einer Standardwohnung, nicht einmal auf der Straße; Väter der Mittel-

---

[4] Erik Erikson a. a. O. das 8. Kapitel: Gedanken über die amerikanische Identität, S. 280 (vor allem die Abschnitte über die »Mom«).

[5] Alva Myrdal: Die Veränderungen in der Struktur der Familie in den letzten Jahren, in: Neue Sammlung 1965, S. 220 ff.

[6] Und zugleich anti-individualistisch – ein Verband »in dem sich die gesamte Energie des Ehepaars auf das Wohl einer willkürlich beschränkten Nachkommenschaft zu konzentrieren hat«. Philippe Ariès: Geschichte der Kindheit, München 1975 (Hanser).

[7] Unsere »Einstellung«, um die es hier ja geht, illustriert eine Annonce, die ich an dem Tag, an dem ich dies schreibe, in meiner Zeitung finde: » *Wer einen Farbfernseher hat, hat auch einen Babysitter.* Großmütter und Tanten achten lieber auf Ihr Kind, wenn sie farbig fernsehen können. Nutzen Sie unseren Farbfernseher-Kredit (einen unserer 1001 Kredite). Schnell, unkompliziert und zinsgünstig, COMMERZBANK.«

schicht »verbringen« im Durchschnitt zwischen 15 und 20 Minuten pro Tag mit ihrem einjährigen Kind; die tatsächliche Sprechzeit dabei beläuft sich auf 37,7 Sekunden; die Zahl der »Interaktionen« beträgt 2,7. – Und die Folge: Day Care Centers (staatliche Kinderkrippen) werden eingerichtet, deren Existenz nicht nur den Eltern/Müttern, die arbeiten müssen, sondern auch denen, die »durch ihre Kinder daran gehindert waren«, die Kinderlast abnehmen; die Kinder werden indifferent, zu Liebesbeziehungen, Verantwortung, Ausdauer unfähig; die Schulleistungen fallen zunehmend von Jahr zu Jahr ab; 58 % der Erfolgsunterschiede zwischen Schulkindern lassen sich anhand von allein drei Faktoren vorhersagen: zerstörte Ehen, überfüllte Wohnung und Bildungsgrad der Eltern[8]. Die Familie ist nicht nur als (soziale) *Idee* allesbeherrschend, wie Ariès behauptet, sondern auch als (ökonomische) *Realität*.

Kindheit wird in naher Zukunft noch einmal durch etwas anderes verändert: durch den deutlichen Geburtenrückgang. In den vergangenen Jahrhunderten (bis zum vorigen) ist der Anteil der jungen Menschen unter 20 an der Gesamtbevölkerung vermutlich oft über 40 % gewesen[9]. In Indien ist die Hälfte der gesamten Bevölkerung unter 18. Die sogenannte Bevölkerungspyramide sieht dort wirklich wie eine Pyramide aus und zwar eine ziemlich flache. Bei uns wird sie im Laufe der Zeit zu einem Pilz und im günstigsten Fall schließlich zu

[8] Urie Bronfenbrenner a. a. O.; ders.: Wie wirksam ist kompensatorische Erziehung, Stuttgart 1974 (Ernst Klett), S. 121 f.
[9] Vgl. Rassem a. a. O., S. 105. Heute beträgt bei uns der Anteil der unter 20jährigen weniger als ein Viertel. Vgl. Statistisches Jahrbuch für die Bundesrepublik Deutschland 1971, S. 38.

einem Schaft oder Zylinder. Praktisch bedeutet das, daß die meisten Familien nur ein Kind oder zwei haben werden und viele Ehepaare gar keins. Es wird in anderen Worten viele Erwachsene geben, die nicht aus eigener Erfahrung wissen, was es heißt, Kinder zu haben und was Kinder sind.

Das alles ist heute schon so oder wird bald so sein und tut ständig Wirkungen: Den Kindern hat man die Kindheit verleidet; sie ist im Wortsinne un-wirklich in dem Maß, in dem wir sie kindgemäß und pädagogisch machen. Den Jugendlichen hat man das Erwachsenwerden verleidet: ihnen ist inzwischen sichtbar geworden, wie unfroh, unzufrieden, ohne Perspektive die Erwachsenen sind – wie leer oder wie überlastet ihr Leben ist und ihnen selbst in beiden Fällen nicht verständlich. Man hat den Jugendlichen ein »Moratorium«, eine »Zwischenzeit« gewährt; in ihr sollen sie ihre Rollen finden. Aber die einzigen Rollen, die sie in dieser Zeit erfahren können, sind die der eigenen peers, der Fernseh-, Schlager- und Fußballhelden, ihres Lehrmeisters oder Vorgesetzten und, wenn sie noch zur Schule gehen, des Unterrichtsbeamten. Wen kann es wundern, wenn diese »Chance« nicht genutzt wird, wenn die Jugendlichen Verantwortung und Beruf, Lernen und Planen nicht wollen? Wo öffnet sich ihnen ein Ausblick »nach vorn« auf das, was die Alten das »gute Leben« nannten? Woran immer es liegt – es fällt auf, wie wenig die Jugendlichen bereit sind zu planen – nicht nur ihr »Leben«, sondern ihren Tag, die Woche, die vor ihnen liegende Aufgabe.

Sie haben auch keinen wirklich ernstzunehmenden Streit mit den Erwachsenen. Erwachsene sind für sie

»weder Feinde noch Freunde, weder Vorbild noch Gegenbild, weder Angst erzeugend noch Vertrauen erweckend, sondern einfach weitere Faktoren in einer sowieso schon zu komplizierten Welt«[10]. Es findet allenfalls so etwas wie »Revierverteidigung« statt – von beiden Seiten aus. Dazu gehört das ebenso eifrige wie feige Lehren und Lernen von Pädagogik, Psychologie, Gruppendynamik – »feige«, weil sie der moralischen Verantwortung und politischen Auseinandersetzung aus dem Wege gehen. An den Sozialwissenschaften verführt uns die Möglichkeit, angesichts schwieriger Forderung in die Mechanik notwendiger Prozesse auszuweichen: Die Verhältnisse sind schuld; ich bin falsch sozialisiert; ich darf nicht nur schwach sein – ich muß es, weil ich sonst anderen Angst einflöße. Natürlich meinen die genannten Wissenschaften etwas anderes – aber sie leihen sich dem Determinismus einerseits und einer naiven Zuversicht andererseits: Wenn eines Tages alle ihren Freud gelesen haben, wenn nur alle oft genug sich in Rollenspielen befreit, in Soziogrammen ihre Realität, in gruppendynamischen Sitzungen ihre wahren Wirkungen auf andere erfahren haben, würden sie sich angemessen, sozial, erfolgreich verhalten. »Angemessen« in Bezug worauf? »Sozial« im Hinblick auf was für eine Sozietät? »Erfolgreich« worin und wozu? – die Antworten hierauf bleibt ihnen jene sozialwissenschaftliche Erziehung schuldig.

Meine Hypothese ist: die ständige Vermehrung der pädagogischen Maßnahmen hilft den Kindern (und Ju-

---

[10] Gerold U. Becker: Mit Umsicht und Verantwortung, in: Neue Sammlung 2/1975, S. 116.

gendlichen) nicht nur nicht; sie erzeugt einen Zustand besonderer Anfälligkeit und Ausgeliefertheit; mehr Institutionen und mehr Informationen belehren nur darüber, wie man mit diesen, nicht wie man *mit sich* und *seiner* Welt lebt. Die Kinder bauen sich Höhlen inmitten eines Chaos. Eine geordnete oder ordnende Gemeinschaft gibt es für sie nicht. Alles, was jenseits der Kleinstgruppe geschieht, ist abstrakt und wirkt feindlich. Der Übergang von hier zur »Gesellschaft« draußen ist unvermittelt und macht die Kleinstgruppe unglaubhaft und funktionslos, die Gesellschaft unheimlich und sinnlos.

In dieser Schwierigkeit, die zunächst nur den Pädagogen anzugehen scheint, spiegelt sich eine andere, allgemeine soziale Schwierigkeit: die »Entfremdung« des Menschen in der technischen und verwalteten Zivilisation. Außer mit philosophischen Analysen antwortet man darauf entweder mit Therapien, die die Menschen ihrerseits meist noch weiter entfremden oder mit der Verführung zu Sektierertum, Subkultur, Drogen oder mit dem Aufruf, die Verhältnisse zu ändern, also zu Reform oder Revolution.

Mir scheint vorerst etwas anderes wichtiger und aussichtsreicher zu sein: Wir müssen unsere Einstellungen und Vorstellungen mustern, uns über ihre Wahrhaftigkeit und Nützlichkeit Rechenschaft geben und die widersprüchlichen, unwürdigen und unnützen unter ihnen innerhalb des bestehenden »Systems« bekämpfen, abtragen, ersetzen. Man wird nun leicht einsehen, welche Hilfe dabei die Historie und die Begegnung mit anderen Nationen, Gesellschaftsformen, Kulturen geben kann – indem sie aus dem Gegebenen, aus der gebieterischen

46

Realität eine Möglichkeit unter anderen machen. Sie bestärken jedenfalls mit ihren Bildern, Abläufen und Deutungen *unsere Zweifel*
– an der Vorstellung, menschliche Schicksale und Verhältnisse seien herstellbar; das Leben sei eine Konstruktion, die Erziehung ein Labor, eine Bauhütte oder ein Planungsbüro, Konflikte so etwas wie technische Pannen; die Pädagogik lasse sich sinnvoll rationalisieren: genormte Schullaufbahnen, genormte Lerngruppen, genormte Lernziele und Erfolgsmessungen – das Ganze ein Produktionsprozeß mit input-output-Gleichungen. Es könnte sein, daß Schulen in der Tat mehr Probleme schaffen, als sie lösen: wenn man sie so organisiert und nicht wie Paul Goodman mit seinen mittelalterlichen mini- oder street schools mitten in Manhattan; die Lösung der Probleme des Aufwachsens darin zu suchen, daß man Kinder in großer Zahl zusammenbringt, erscheint zunehmend als ein Mißverständnis;
– an der Vorstellung, je größer unsere Probleme und je umfangreicher und bedeutsamer unser Wissen, um so länger müsse die Schule dauern, und weil Schule eine Wohltat ist und Arbeit eine Mühsal, müßten wir auch noch froh darüber sein – selbst dann noch, wenn erwiesen ist, daß sie vor allem die Personen absorbiert, die durch den gleichen Fortschritt von Wissenschaft und Technik keinen Platz mehr in der Arbeitswelt finden;
– an der Vorstellung, Lernen sei tunlichst vom Leben zu trennen: örtlich in den Schulen (und dies möglichst am Stadtrand!) und zeitlich vor dem Beruf, ja Lernen sei prinzipiell Vor-bereitung auf . . . und darum prinzipiell Sache der ersten Lebensphase, Kindheit und Jugendalter, wodurch Kinder und Jugendliche ihrerseits von den

Erwachsenen getrennt werden;

– an der Vorstellung, im Lernen der Kinder und Jugendlichen lasse sich eine falsche Welt in Ordnung bringen; es gehe z. B. darum, in ihm möglichst all das unterzubringen, was die heutigen Erwachsenen selber nicht können (Gruppendynamik und Soziologie, Systemanalyse und Polit-Ökonomie, Sexualkunde und Konfliktbewältigung, die Beurteilung von Trivialliteratur und die Anwendung von Statistik); aber dadurch werden die Unverträglichkeit, das Sich-gegenseitig-nicht-verstehen-können, die Frustration der Jungen wie der Alten meist nur vermehrt; oder es lasse sich in der Schule die ungerechte Verteilung der Chancen korrigieren: durch organisatorische Integration und didaktische Kompensation statt durch gemeinsame Aufgaben und Lebensformen, die man freilich auch organisieren muß;

– an der Vorstellung, Lehrer mit bürgerlicher Bildung, auf ein Fach spezialisiert, mit Lehrtechniken ausgestattet und von alledem weder tief überzeugt noch beunruhigt, könnten Heere von Kindern aus kleinbürgerlich gesonnenen Arbeiterfamilien zu einem neuen, nicht entfremdeten Selbst-, Klassen- und Kulturbewußtsein führen;

– an der Vorstellung, die Familie – und womöglich sie allein – *müsse* unter allen Umständen für Glück, Geborgenheit, Identifikation sorgen, während umgekehrt jene übertriebene Erwartung sie oft daran hindert, diese ihr sehr wohl eigenen Möglichkeiten zu erfüllen; zu hohe Erwartungen sind zum Scheitern verurteilt und münden – in diesem Fall – in Beziehungsschwierigkeiten unter den Ehepartnern, in überzogener Kinderliebe oder Kinderhaß und -mißhandlung, in Enttäuschungen und Selbstvorwürfen, ja in der Abneigung, überhaupt Kinder zu haben, eine bleibende Ehe einzugehen und eine Familie zu gründen – als geordneten, überschaubaren, schützenden Ausgangspunkt und spätere Zuflucht, wie sie die Menschen in unserer verwirrenden Gesellschaft so dringend brauchen.

Um sich dieser und ähnlicher Vorstellungen kritisch bewußt zu werden, bedarf es der Alternativen. Man muß sehen, was sonst sein könnte. Ivan Illich[11] hat Gegenentwürfe gemacht, die sich in die Theorie unserer komplexen Welt »gesamtgesellschaftlich« einfügen, aber weder im Gemüt der Menschen noch in der Wirklichkeit Fuß fassen. Im Kibbuz ist eine Alternative zu unserer Familie aus einer bestimmten historischen, geographisch, ethnisch und politisch begrenzten Situation buchstäblich erwachsen. Jane Jacobs hat gezeigt, welche Chance, menschlich aufzuwachsen, in unseren Städten liegt, wenn wir sie nicht unter falschen Gesichtspunkten zerstören[12]. Andere Muster aus der Völkerkunde haben den Scharfsinn der Gelehrten und die Phantasie der Laien beschäftigt. Mir scheint keines dieser Modelle dadurch gut, daß es möglichst viel verspricht oder möglichst schnell anwendbar oder umsetzbar ist. In unsere Welt verpflanzt, wäre z. B. der Kibbuz keine Wirklichkeit, sondern eine pädagogische Provinz. Wichtiger ist, daß Menschen sich durch solche Gegenbilder verführen lassen, anders über sich und ihre ge-

---

[11] Ivan Illich: Entschulung der Gesellschaft, München 1971 (Kösel).
[12] Jane Jacobs: Tod und Leben großer amerikanischer Städte, Gütersloh 1963 (Bertelsmann Fachverlag).

wohnte pädagogische Umwelt zu denken und dann ausgewählte Stücke in geeigneten Lagen zu übernehmen. Wenn wir nicht zuerst unsere Vorstellungen befreien, werden wir im Reformismus stecken bleiben.

Für den, der darüber nachdenkt, wie man – mit den Worten meines Freundes Paul Goodman – »a place for kids to grow up in« schaffen könne, gibt es viele, anregende Modelle:

– die antike Polis
– die mittelalterliche Stadt
– das »Große und Ganze Haus«, in denen jedenfalls ein maßgeblicher Teil der Bevölkerung bis ins 18. Jahrhundert hinein lebte
– das Arbeits- und Lebenskollektiv von Makarenko
– die First Street School von Goodman und Dennison[13]

lauter Möglichkeiten, am Leben selbst das Leben zu lernen: auf der Straße, in den Werkstätten, an den Kaufständen, in den Kneipen, in den Versammlungen, im Umgang mit Erwachsenen. Die Historiker schildern anschaulich, was man in einem jener Großen und Ganzen Häuser erfuhr, in denen sich Herren und Diener, Gäste und Klienten, Arm und Reich, Klein und Groß mischten, in denen es wenig Mobiliar und viel Geselligkeit gab und in denen das, was man zum Leben braucht, in seiner Entstehung, in seiner Anwendung und in seiner Bewertung anschaulich und verständlich wurde.

In all jenen »Lebensschulen« gelang oder gelingt, was der Unterrichtsschule nicht gelingen will, weil sie mit

[13] Paul Goodman: Freiheit und Lernen, in: Neue Sammlung 5/69, S. 419 ff.; vgl. dazu: George Dennison: Lernen und Freiheit, Aus der Praxis der First Street School. Frankfurt 1971 (März).

dem Ernstfall arbeiten: es hängt etwas davon ab, daß ich meine Aufgabe erfülle, daß ich etwas hinzulerne, daß ich es anderen verständlich mitteile. Einen Fremden muß ich richtig führen; ein Tier will versorgt sein, sonst krepiert es – es läßt sich nicht »überreden«; eine Maschine muß verstanden, gewartet, repariert werden, sonst produzieren wir nichts und haben kein Geld. Alles hat Folgen. Der Sprachlehrer, der Biologielehrer, der Techniklehrer dagegen schreiben mir allenfalls eine schlechte Zensur an.

Ernstfälle sind auch: die Antigone lesen oder das Fallgesetz überprüfen oder ein Chorwerk aufführen oder etwas ganz Eigenes schaffen oder ein Fest feiern oder einen Menschen trösten.

Die meisten und wichtigsten Ernstfälle kann die Schule nicht mehr allein herstellen. Sie muß hinausgehen in ihre Umwelt oder diese zu sich hereinholen; sie muß diese Umwelt anregen, »erziehlich« zu werden. Ja, wäre die Schule tatsächlich eine eigene »Welt« und eben nicht ein Ghetto, die Kinder würden zwar nicht auf die Erwachsenenwelt vorbereitet, aber doch lernen, wie man sein eigenes Leben ganz lebt. Haben sie dies als Kinder getan, werden sie es vermutlich als Jugendliche und Erwachsene auch tun.

Wo es keine Ernstforderungen mehr gibt, sondern nur noch Schulforderungen (die nicht existierten, wenn es die Schule nicht gäbe), wird in den Kindern die »Krankheit« unserer Zeit – ihre Zerstörungssucht, ihre Gleichgültigkeit, ihre tiefe Unfreundlichkeit – fortbestehen, die Erich Fromm als die »Rache des ungelebten Lebens« diagnostiziert hat.

Jene Gegenmodelle regen zu folgenden Thesen an, deren Erfüllung man sich schrittweise nähern kann, wo immer es sich anbietet:

– Es geht darum, menschenwürdige Lebenseinheiten herzustellen, in denen zugleich gelebt wird und gelernt werden kann, wie man lebt; man sieht es am Großen und Ganzen Haus, was das im Prinzip bedeutet; unsere Einheiten sind sowohl zu groß (Betriebe, Schulen, Universitäten, Städte, Nationen) als auch zu fragmentarisch (es wird in ihnen kein Zusammenhang sichtbar).

– Kinder müssen erfahren können, was eine starke, bleibende Beziehung, was schützende (nicht geschützte!) Gruppen, was selbstgeschaffene Ordnungen vermögen. Nicht so sehr Bildung und Bildungschancen, nicht »Aktivitäten« und Motivationen, nicht Emanzipierung und Wissenschaftlichkeit, sondern Anlaß zu notwendigem, gemeinsamem, begründetem Handeln: *Verlaß* und *Freundlichkeit* – das sind die Grundbedürfnisse jedenfalls der heutigen Kinder, denen wir uns zuerst und zumeist widmen sollen; alle anderen eben aufgezählten Dinge halte ich für wichtig, aber sie folgen, wenn dieses Bedürfnis befriedigt ist.

– Dazu gehört die Aufhebung der üblichen Trennung zwischen professioneller Erziehung und persönlichem Umgang, die die entsprechenden Trennungen in allen anderen Bereichen unseres sozialen Lebens ja nur abbildet. Freundschaft, die bei den alten Griechen eine politische Kategorie war[14], wird dadurch zu einer pädagogischen und sozialen: in der Freundschaft kann man lernen, etwas für andere zu tun und dies nicht für einen

[14] Vgl. Hannah Arendt: Von der Menschlichkeit in finsteren Zeiten, München 1960 (Piper), S. 39 ff.

Verlust an sich selbst zu halten – und nicht für eine Ausnahme wie das, was man aus Liebe tut.

– Dazu gehört auch ein in der überschaubaren Einheit äußerstes Maß an Vielfalt. Es scheint falsch, in einer Schule oder Familie Freiheit *oder* Ordnung durchsetzen zu wollen, Alterstrennung *oder* Altersmischung, Individualität *oder* Sozialität; es müßte und kann beides nebeneinander geben, sogar repräsentiert durch verschiedene Personen, lokalisiert an verschiedenen Stellen, entfaltet an verschiedenen Gegenständen.

– Sachen, Aufgaben, der Ernstfall müssen einen größeren Teil der pädagogischen Wirkungen tun als Belehrung. Zumutung (Herausforderung), Einübung (Gewöhnung) und Vorbild (die Möglichkeit der Identifikation) sind stärkere pädagogische Kategorien als die, die in der »progressiven« Pädagogik heute propagiert werden (die Erfinder der *progressive education* hätten mir recht gegeben, was freilich nur beweist, welches Schicksal solche Einsichten haben können).

– Hierzu gehört die Einbeziehung der Kinder und Jugendlichen in die Arbeit und die Politik. (Wir »beziehen« sie nur in die Wissenschaft »ein«). Bronfenbrenner[15] schildert, wie das heute in der UdSSR geschieht und seine Schilderungen erinnern alsbald an Goodman und Ariès' Bilder des Mittelalters und des Ancien régimes.

– Hierzu gehört vor allem: Zeit haben – Zeit der Tätigen für die Lernenden, Zeit der Eltern für die Kinder, Zeit für das Unfertige, nicht unmittelbar Produktive, nicht Terminierte und Berechenbare: Kindheit und Ju-

---

[15] Bronfenbrenner, Scientific American, S. 57.

gend sind mit Notwendigkeit offene, bewegliche Größen im Gesellschaftsprozeß – und die alten Zeiten und viele nichteuropäische Kulturen zeigen, daß man gut damit leben kann. Die Kindheit und Jugend rationalisieren wollen und zugleich die Ordnungen aufheben, die für die Erwachsenen gelten und deren Leben zusammenhalten, führt am Ende zu der Neurotisierung, die wir heute haben. Der Widerspruch wird immer wiederkehren, daß man Kinder, die man erwachsen (vernünftig und moralisch) machen will, weil man sie für kindlich (unvernünftig und unmoralisch) hält, erst eigentlich zu »Kindern« macht; jedenfalls verlängert man die Kindheit. Hätte man Zeit, sie zu beteiligen, als nur eben schwächere und weniger erfahrene Menschen, man würde hinterher wohl wieder viel Zeit gewinnen. Bronfenbrenner meint nachweisen zu können, daß sich die Kinder und Jugendlichen den peergroups (von denen nicht viel zu lernen sei) deshalb zuwenden, weil die Erwachsenen sie im Stich lassen[16].

Das alles soll zu keinen Utopien verführen. Nichts haben wir im Augenblick nötiger als Realismus. Aber den Widersinn sichtbar zu machen, der entsteht, wenn wir Familie, Schule und Beruf und die durch sie ein- oder ausgegrenzten Lebensformen absolut setzen, halte ich für die realistischste Maßnahme, die wir überhaupt treffen können. Dies wäre die *Voraussetzung* für Veränderungen, die allein das Weiterwuchern falscher Utopien – von der Abschaffung der Schule über die Auflösung der »privatistischen« Familie bis zur totalen Verstaatlichung der Berufsbildung – abwehren könnten.

[16] Urie Bronfenbrenner, a. a. O., S. 57.

Wir haben in einer Welt, die wie jede andere auf einen regen Austausch der Altersgruppen angewiesen ist, nicht eigene »Welten« entstehen lassen – was weder verwunderlich noch nachteilig wäre –, sondern Quarantänen, Ghettos geschaffen: weil wir die anderen Altersgruppen den Zwecken der Erwachsenenwelt unterordnen. Die abermals von der Erwachsenenwelt her getroffenen Maßnahmen zur Aufhebung der Trennung setzen dies nur fort und bleiben so lange unwirksam, wie sie nicht dieses Erwachsenenleben selber ändern. Es geht dabei gerade nicht darum, die anderen Lebensalter zu bedienen, zu betreuen, zu befreien, sondern sich auf das gemeinsame Leben einzulassen, das wir vermenschlichen müssen und in dem wir für unsere eigenen Ansprüche, Taten und Überzeugungen einstehen. Das werden wir um so leichter tun können, als wir die Beschränktheit unseres Vermögens und unserer Wirkungen einsehen.

Auf der oberen mittleren Stufe des Comenius stehend bin ich meines Standortes nicht froh, spüre ich die vitale Anfechtung der Jugend, den – wenn auch nachlassenden – Druck der noch älteren: ich spüre, daß ich mich als Erwachsener zu ernst nehme. Ich wäre ein Tor, gäbe ich dies nicht zu. Ich wäre ein noch größerer Tor, gäbe ich meine Welt preis. Ich habe sie anderen verständlich, zugänglich und achtbar zu machen.

Sozialpathologie der Schule

Ein Versuch zu verstehen, was das heißt

Vortrag auf dem Kongreß der Deutschen Gesellschaft für Sozialmedizin in München, 23. Oktober 1975

VORBEMERKUNG: In diesem Beitrag geht es nicht um diese oder jene Pädagogik. Es geht um ihre Voraussetzungen. Wie sind die Kinder, die heute in die Schulen gehen? Sind sie, wie es immer wieder heißt, in zunehmendem Maß und in zunehmender Zahl »gestört« oder sind sie angesichts ihrer heutigen Kindheit »normal«? – mit der Konsequenz, daß die pädagogischen Einrichtungen, zumal die Schulen, gründlich anders sein müßten. Es gibt Schulen, an denen »verhaltens-auffällige« Kinder häufiger sind als an anderen. Es gibt keine, an denen alle Kinder so sind wie »früher«. Das Wort »verhal-tens-auffällig« ist selber falsch. Es beschönigt nicht nur, es verhindert, daß die Erzieher und Lehrer die Wahrheit über ihre Schulen sehen und sagen können; es bedeutet, daß man die Störungen einteilt in Fälle für den Psychiater und Folgen von »schlechter« Schule. Dagegen, die Wahrheit über die Schwierigkeiten in der Schule sagen, heißt nicht sie beschuldi-gen, sondern ihr helfen, mit dem Unverschuldeten und Nicht-abschiebbaren fertig zu werden.

Eigentlich möchte ich nicht wissen, was Sozialpatholo-gie der Schule *heißt,* was also andere Personen oder Disziplinen mit einem bestimmten Wort meinen, zumal wenn sie es auf meine Institution anwenden. Ich möchte vielmehr wissen, was das *ist,* was ich als Pädagoge im Alltag meiner Schule erfahre und das für mich patholo-gische Züge trägt. Da mir die einzelnen Menschen –

Schüler wie Lehrer – im großen ganzen normal erscheinen und sie ihre Schwierigkeiten, ihre Leiden, ihre irrationalen Sperrungen erst in Bezug aufeinander hervorbringen, liegt es nahe, von einem sozial-pathologischen Befund zu sprechen.

Das Wort paßt von seinen sprachlichen Elementen und seiner Struktur her auf den ersten Blick gut zu dem, womit ich es zu tun habe. Indem ich diese terminologische Möglichkeit prüfe, überprüfe ich auch meine Erfahrung in der Schule. Das ist der Reiz, den die Einladung, vor der Deutschen Gesellschaft für Sozialmedizin zu sprechen, auf mich ausgeübt und der mich für einen Augenblick unvorsichtig gemacht hat gegenüber einer mir wohl bekannten Sozialpathologie: der Sozialpathologie unserer gelehrten Gesellschaften und ihrer Jahrestagungen mit ihren krankmachenden Abfolgen von Kurzreferaten (von den Leiden des Referenten nicht zu reden, der sich mehrere Tage damit abmüht, seine Gedanken einzuschnüren, bis sie in das Prokrustesbett einer Dreiviertelstunde passen, und der weiß, daß dies falsch ist: daß das Thema nicht abschließbar, die Begriffe genauerer Definition bedürftig, seine Erkenntnisse nur in der Anschauung am umständlich geschilderten Beispiel zu fassen und zu vermitteln sind).

Ich berühre zugleich ein ziemlich grundsätzliches Problem des interdisziplinären Erkenntnis- und Erfahrungsaustauschs: Ich bin unter den Sozialmedizinern ein Laie und ein Fremder, und d. h. ich kann schlecht einschätzen, wie deutlich sie das Beobachtungsfeld Schule überschauen. Im allgemeinen nehme ich wahr, daß sich die Erwachsenen keine Vorstellung davon machen, wie anders sich *Kinder* heute verhalten, weil heute *Kindheit* anders ist; sie bilden sich jedoch ein, diese Kinder genau zu kennen. Bevor ich also die Wissenschaftler – hier die Sozialmediziner – überzeuge, daß dies so ist, muß ich sie als Menschen verführen, es auch anders sehen zu wollen. Selbst wenn ich über systematische wissenschaftliche Erkenntnisse verfügte, würde ich darum zunächst »naive« Beobachtungen mitteilen. Meine eigene Wissenschaft hat, zumal unter der Anleitung ihrer tüchtigen Schwestern, der Soziologie und der Psychologie, eine Fülle zugleich genauer und verfehlter – unbrauchbarer und ablenkender – Fragen hervorgebracht und eine entsprechende Fülle falscher Gewißheiten. Mir scheint es nötig, uns wieder unsicher und damit zu neuen Anstrengungen bereit zu machen. Die »Schmuddeligkeit« der pädagogischen Wirklichkeit läßt sich ohnedies nur unter Verlusten und Verzerrungen in die Beobachtungsraster, die Korrelationsschemata, die statistischen Zusammenziehungen, die reinen Methodologien einbringen – einstweilen. Voraufgehen muß etwas, was man im Englischen *monitoring* nennt, eine ständige, weitgehend ungezielte Primärbeobachtung. Was ich mit diesem Referat tun werde, läßt sich demnach als ein *pilot-monitoring* ausgeben, eingeschränkt auf einen durch die Theorie des Wortes »Sozialpathologie« gegebenen Rahmen. Über die Theorie des Wortes Sozialpathologie muß insofern etwas gesagt werden, als das Wort so widersprüchlich gebraucht wird[1].

[1] In dem programmatischen Aufsatz von Wolfgang Jacob: Sozialpathologie und Gruppendynamik, eine interdisziplinäre Studie, in: Wissenschaft als Interdisziplinäres Problem, Teil 2, Band II des Internationalen Jahrbuchs für Interdisziplinäre Forschung, hg.

Ich versuche, dies kurz und schonend zu erledigen.

Ich selber habe das Wort »Sozialpathologie« bisher nicht oder doch nur experimentell und in Anführungszeichen gebraucht – in einem vordergründigen aber plausiblen Sinn, den ich einem schwedischen Spielfilm entnommen habe. Der Film hieß »Körperverletzung« und handelte von einem jungen Mann, der durch eine (im übrigen klassenkämpferisch motivierte) Rempelei in Kontakt und Schwierigkeiten mit einer Serie von wohlfahrtsstaatlichen Institutionen gerät, die ihm alle »helfen« wollen, wieder ein »normaler« Bürger zu werden. Er landet in der Isolierstation eines Irrenhauses. Hier war in einer übertreibenden Form gezeigt worden, wie Einrichtungen und Maßnahmen, die die Gesellschaft in ihrem eigenen Interesse trifft, nicht nur den

von Richard Schwarz, Berlin/New York 1975 (Walter de Gruyter) werden die verschiedenen Väter und Vertreter der Sozialpathologie (als Disziplin und Begriff) aufgeführt. An den zitierten Stellen sind mit Sozialpathologie abwechselnd Zustand, Theorie und Therapie gemeint. » Sozialpathologie *oder* Krankheit der Gesellschaft« (A. Grotjahn); »eine Pathologie der sozialen Erscheinungen« könne eine Aufgabe oder gar der Inhalt der Soziologie sein (H. P. Dreitzel); die Soziologie als Therapie des Sozialen, d. h. der Leiden der Gesellschaft (Saint-Simon, de Bonald, Comte, Durkheim); »eine Gefährdung der gesellschaftlichen Existenz . . . aus dem Verlust der Mitte« (W. Kütemeyer); es gebe gesellschaftliche Strukturen, die krank machen (R. Koselleck); »la pathologie sociale« – eine Aufgabe der Regierung, die die Funktion eines Arztes hinsichtlich der Erkrankungen des Sozialkörpers habe (P. v. Lilienfeld); Entfremdung und falsches Bewußtsein (K. Marx) und der Begriff einer »sane society« (E. Fromm) – diese Brocken zeigen, wie ungefähr und unsystematisch die Theorie dieser Teildisziplin einstweilen ist.

einzelnen in die Krankheit treiben, sondern ihre eigene Sozialität zerstören können. An diesem Doppelsinn bin ich seitdem interessiert. Der Titel »Körperverletzung« (eine solche begeht der junge Mann am Anfang der Handlung) macht hellhörig und hellsichtig für die Seelenverletzung, ja die »Gemeinschaftsverletzung«, mit der das Ganze endet und für die es keinen Namen gibt, weder einen juristischen noch einen umgangssprachlichen.

Seither habe ich das eine oder andere zu dem Begriff »Sozialpathologie« gelesen und bin unsicher geworden, ob er mir zur Beschreibung dessen nützt, was ich anderen – zumal Medizinern und Psychiatern, Sozialpolitikern und meinen eigenen Kollegen – mitteilen möchte. Die Sozialmediziner scheinen mit Recht mehr an den psychisch-sozialen Ursachen für somatische Leiden oder Störungen und umgekehrt an somatischen Ursachen für psychische und soziale Leiden interessiert zu sein. Sie sind ja in erster Linie Mediziner, nicht Soziologen, Politiker, Pädagogen, und der von ihnen wiederholt zitierte Satz von Rudolf Virchow, daß die Politik nichts anderes sei als die Medizin im Großen – der Satz könnte bei Platon stehen –, läßt sich nicht ohne weiteres umkehren: die Medizin sei die Politik im Kleinen. Er würde jedenfalls weder die Sache noch das Bewußtsein der Ärzte treffen.

Von dem Verhältnis von psychisch-sozialen Störungen zu physischen verstehe ich zuwenig. Ich vermag vor allem – als Laie – keine stichhaltige Trennung zwischen den beiden Arten von Leiden vorzunehmen. Ich konzentriere mich darum auf die psychisch-sozialen Phänomene. Meine Absicht ist jedoch nicht – und dies ist das

zweite Bedenken, das sich in mir gegen ihre Subsumption unter eine Sozialpathologie regt – sie einer therapeutischen Behandlung zu unterwerfen. Mir liegt zunächst vor allem daran, daß bestimmte Erscheinungen in einem Zusammenhang miteinander gesehen und als Anzeichen pädagogisch und politisch ernst genommen werden. Gehe ich vom Wort aus, dann kann die Sozialpathologie (außer physischen Leiden im sozialen Kontext) zweierlei beschreiben:
– den einzelnen, der als soziales Wesen untüchtig ist, unfähig, in einer Gemeinschaft zu leben.
– eine Gemeinschaft, die ihren Mitgliedern versagt oder erschwert, sich in ihr zu entfalten, in ihr befriedigende Beziehungen einzugehen.
In beiden Fällen wird eine *Sozial*pathologie solche Leidensphänomene aufsuchen, die in doppelter Weise die Gemeinschaft betreffen: »die Gemeinschaft leidet« und/oder »die Gemeinschaft macht leiden« (d. h. ihre Mitglieder leiden an ihr). Ich entscheide mich nicht vorgängig für den einen gegen den anderen Auftrag; ich sortiere die Erscheinungen nicht nach ihrem Subjekt, nicht nach Ursache und Wirkung, nicht nach idio-genen und koino-genen; ich bestehe nur darauf, daß es sich um *etwas* handele, *das die Fähigkeit zur Sozialität beeinträchtigt.*
Von einer Beeinträchtigung der Sozialität spreche ich – und wieder mache ich eine Unterscheidung, um sie nachher *bewußt* nicht zu berücksichtigen – wenn sich einzelne oder mehrere oder alle von einer in unserer Welt unvermeidbaren Gemeinschaftssituation Betroffenen unwohl fühlen oder die ihnen zugedachten Funktionen nicht erfüllen können. Ich zwinge mich dadurch,

bei einer solchen Leidensanalyse stets zu fragen: Ist die Situation vermeidbar? Und: Wer denkt wem jene Funktion zu?

Indem ich von der Doppeldeutigkeit des Auftrags der Sozialpathologie ausgehe (zu untersuchen, woran eine Gemeinschaft leidet und welche Leiden sie schafft), gewinne ich einen Spielraum gegenüber einfachen Erklärungsmodellen, in denen Störung oder Gestörtsein die wichtigsten oder gar einzigen Indikatoren des Pathos sind, dem daraufhin ebenso eindeutige Ursachen angewiesen werden. Es gibt jedoch, wie wir alle wissen, »falsche« Situationen, in denen die Störung das Zeichen von Gesundheit ist und Ruhe beunruhigen muß – nach dem Motto: »Wer hier seinen Verstand nicht verliert, hat keinen zu verlieren.«

Ich gewinne außerdem die Möglichkeit, meinen besonderen Gegenstand von vier Hypothesen her zugleich anzugehen:

(1) die Schule mache die Kinder sozial unfähig/gestört/ »krank«

(2) die Schule bekomme sozial unfähige / gestörte / »kranke« Kinder angeliefert

(3) die Schule versäume, die Kinder sozial fähig – stark, empfindsam, geschickt – zu machen (dies sei also ihre Aufgabe)

(4) die Schule sei selbst eine falsche, sozial untaugliche, unnötige, »ungesunde« Sozietät.

Jede dieser vier Hypothesen begründet, wenn sie stimmt, die anderen:

– weil die Gesellschaft kranke Kinder anliefert, muß die Schule sie »heilen«

62

– weil sie sie »heilen« muß, ist sie die falsche Gemeinschaft
– weil sie die falsche Gemeinschaft ist, macht sie ihrerseits »krank«
– weil sie »krank« macht, bekommt sie »Kranke« angeliefert etc . . .

(wobei ich »krank«, »gesund«, »heilen« immer in einem metaphorischen Sinn gebrauche – in einer noch
keineswegs geklärten Analogie von Körper und Sozietät – und wobei ich nicht gesagt habe, welche Art von
Schule dies ist oder tut; es geht mir vielmehr zunächst
nur um die formale Figur).

Schon mit diesen theoretischen Vorgaben nehme ich
mir – bewußt – jede Hoffnung auf einfache Diagnosen
und einfache, wenn auch mühsame oder radikale Lösungen. Weder die Rezeption der Gruppendynamik
noch – am anderen Ende der Möglichkeiten – die Sy-
stemveränderung, weder eine Verlängerung der Schule
noch ihre Vorverlegung, weder das Einbringen und
Austragen der sozialen Konflikte noch die administrative Wiederherstellung personaler Beziehungen, noch
die Balance von Ich, Wir und Sache (oder Thema)[2],
weder ein ganz neuer Auftrag für die Schule noch ihre
Abschaffung können mir irgend etwas Nachhaltiges
versprechen, wenn ich mir auf die Frage, was mit der
Fähigkeit der Kinder und späteren Bürger in unseren
Schulen geschieht, antworte, wie ich muß: viel Schlim-
mes – und zwar mehr Unvermeidliches als Vermeidli-

[2] Ruth C. Cohn: Zur Humanisierung der Schulen. Vom Rivalitäts-
prinzip zum Kooperationsmodell mit Hilfe der Themenzentrierten
Interaktion (TZI), abgedruckt in: Schleswig-Holsteinisches Ärz-
teblatt, Heft 10/73.

ches, jedenfalls so lange die Gesellschaft so unsinnig viel von der Schule erwartet, ihr eine so unsinnige, widersprüchliche Funktion zumutet.

Es wird nun höchste Zeit, daß ich die Phänomene nenne, die ich buchstäblich im Auge habe: Ich sehe sie täglich in meiner eigenen Schule, einer Schule, die dazu da ist, solche Dinge sichtbar zu machen. Es sind andere Phänomene, als man sie sonst im Auge hat, wenn man die Illustrierten- und Fernsehfrage stellt, ob die Schule krank mache. Man weiß, wenn man so fragt, immer schon die Antwort, nämlich: Ja – und zwar entweder (in der einen Richtung) durch Leistungsdruck, Stoffülle, Prüfungsangst, Konkurrenzprinzip – das *hidden curriculum* der bürgerlichen Herrschaft durch Bildung; oder (in der anderen Richtung) durch Ganztagsbetrieb, Kurssystem, »Konfliktmodell«, Selbst- und Mitbestimmungsanspruch, permanente Reform – das *hidden curriculum* der Emanzipation und proletarischen Revolution. Beide Kläger wissen, daß es zu wenig Sport und Spiel, zu wenig Künste und Kreativität an der Schule gibt, daß die hiervon getragenen sozialen Beziehungen verkümmern. Beide bezichtigen die Leselernmethode, die Mengenlehre, die zu vielen Aufgaben, die falschen Schulmöbel. Beide können lebhaft schildern, wie der Numerus clausus – u. a. Folge einer fortschrittlich gemeinten Entwicklung – die Schule einem unleidigen und unmenschlichen Systemzwang unterwirft und alles aufhebt, was es aus diesem oder jenem Grund an sozialer Vernunft und Freundlichkeit in der Schule gab. Diese Phänomene sind nicht unrichtig und nicht unwichtig. Aber erstens sind sie hundertfach behandelt worden und zweitens stößt man bei der Bemühung um ihre Beseitigung oder Veränderung auf viel hartnäckigere Grund-Phänomene – eben solche, die sich einer einfachen pädagogischen Analyse und Maßnahme entziehen und die nach einer Sozialpathologie zu rufen scheinen.

Um Mißverständnisse zu vermeiden, muß ich ein Wort über die Schule sagen, an der ich meine Beobachtungen mache. Es handelt sich um die *Bielefelder Laborschule,* die nach dem Muster zahlreicher laboratory schools in den USA als Forschungsfeld der Universität— ihren Erziehungswissenschaften und ihrer Lehrerbildung – dient. Weil die an ihr gewonnenen pädagogischen und didaktischen Erkenntnisse und die von ihr entwickelten Lernmittel, -verfahren und -situationen auf andere Schulen übertragbar sein sollen, hat sie eine Schülerschaft, die die sozialen Merkmale der Bevölkerung möglichst genau repräsentiert. Die Berufs-, Einkommens-, Bildungs-, Wohnverhältnisse und die soziale Selbsteinschätzung sind in einen Auswahlschlüssel eingegangen. Innerhalb der Kategorien werden die Plätze durch einen Computer verlost; wir haben auf einen Platz im Durchschnitt vier Bewerber; von den Kindern der Unterschicht (sie stellen 60% der gesamten Schülerschaft) können wir jedes zweite, von denen der Mittelschicht (35%) nur jedes siebte oder achte Kind aufnehmen. Die Schule ist vier Jahre lang von ihren jetzigen Mitgliedern geplant worden; sie ist seit Herbst 1974 in Betrieb und nimmt jedes Jahr die Jahrgänge Null (Vorschuljahr) 5 und 7 auf – und dies viermal hintereinander, bis sie voll ist.

Meine Beobachtungen beziehen sich ausschließlich auf die bisher zweimal zwei Jahrgänge der Sekundarstufe I, die wir – im Gegensatz zu später, wenn sie in der Schule heranwachsen – von verschiedenen anderen Schulen übernommen haben. Es kann vermutet werden, daß Eltern ihre Kinder an der Laborschule häufig deshalb anmelden, weil ihre Kinder an anderen Schulen Schwierigkeiten gehabt haben. Auf der anderen Seite dürfte der Wunsch, ein möglichst normales Kind zu haben (ein Wunsch, der oft selbst pathogen wirkt), einer Anmeldung an der so sichtbar andersartigen Schule im Wege stehen. Kinder- und Jugendpsychiater versicherten mir auf einem ihrer Kongresse, ihre Praxis bestätige meine Beobachtungen; die Kollegen fügen hinzu, daß nach ihrer Erfahrung nur ein kleiner Prozentsatz der Eltern von »sozial-gestörten« Kindern (dies ist *ihr* Ausdruck!) zu ihnen fänden. An vielen Internatsschulen und fast allen Gesamtschulen liegen im übrigen ähnliche Beobachtungen vor wie an der Laborschule.

Die Möglichkeit der Verallgemeinerung meiner Schilderungen und Urteile mag jeder – auf Grund dieser Tatsachen – selber einschätzen. Wichtig ist, daß man sieht, daß ich hier nicht die Pädagogik der Bielefelder Laborschule vorstelle, sondern versuche, einen von ihr unabhängigen Befund aufzustellen, eine Musterung der Voraussetzungen – unter der Hypothese, daß wir uns gemeinhin über sie täuschen. Die Pädagogik der Laborschule ist im übrigen nicht vorgängig festgelegt, sie hat kein Programm etwa im Sinne von Waldorfschul- oder Montessori-Pädagogik. Sie dient der Wahrnehmung und Verarbeitung von Problemen und Chancen, wie sie an öffentlichen Schulen entstehen, und entwickelt sich dabei an ihren eigenen, ständig bewußt gemachten Erfahrungen. Da es keinen Sinn hat, diese Forschungsarbeit und die damit zu verbindende Lehrerbildung an aussterbenden Problemen und Institutionen vorzunehmen, hat die Laborschule das, was man einen »progressiven« Charakter nennt. Sie versucht, Probleme der heutigen und morgigen Schule zu ergründen oder vorwegzunehmen.

Ich gliedere nun die Phänomene nach solchen, die primär bei den Schülern, und solchen, die primär bei den Lehrern anfallen. Ich beginne mit den *Schülern.*

Ein wohlwollender Betrachter meiner Bielefelder Laborschule, der viele Reformschulen kennt und in dieser Hinsicht abgehärtet ist, beendete seinen Besuch mit folgendem Satz: »Es wird Sie im übrigen weder verwundern noch kränken, wenn ich Ihnen sage: dies ist die schmutzigste Schule, die ich je gesehen habe.« Er hat mich nicht gekränkt, er hat mein Selbstbewußtsein wiederhergestellt; mein eigenes Urteil – unsere Schule sei nicht nur schmutzig, sondern schwer verwahrlost, eine beunruhigende und anklagende Ausnahme – war durch die scheinbare Gleichgültigkeit, mit der die Schüler und Kollegen diesen Schmutz ertragen, täglich geknickt worden und schien widerlegt.

Aber damit ist auch das Wort gefallen, um dessentwillen der *Schmutz* zur Sozialpathologie gehört. Es geht nicht um einen unterschiedlichen Grad von ästhetischer Empfindlichkeit. Es geht darum, wie *gleichgültig* einem die Ansprüche und Maßstäbe anderer sind. Unsere Kinder und eine nicht unbeträchtliche Zahl von Erwachsenen finden es keiner noch so geringen Empfindung oder Überlegung wert, in welchem Zustand der gemeinsam benutzte Raum – ein Großraum für z. Z. 240 Kinder – und alle darin enthaltenen Geräte, Möbel, Teppiche, Wände die jeweilige Tätigkeit oder Laune überstehen; wie denen zumute ist, die saubermachen; wie dies auf die zahlreichen Besucher wirkt; wie ihre Mitschüler, Kollegen, Mitarbeiter damit zurecht kommen. Die Dinge – Papier, Cola-Flaschen, Obstschalen, Stullen, Papp-Trinkbecher, Kaugummis fallen ihnen aus den Händen oder dem Mund, wo sie gerade stehen. Die Aufforderung, sich an der Beseitigung zu beteiligen, lehnen sie unbekümmert und entschieden ab mit der Bemerkung, erstens hätten sie *dieses* Papier hier nicht fortgeworfen und zweitens seien sie heute nicht »dran«. Schuld und Aufgabe sind stets die der anderen. Eine Gemeinschaft, zu der man so gehört, daß man für sie einsteht – sei es eine Kleingruppe, sei es eine Stammgruppe, sei es die Schule insgesamt – gibt es für diese Kinder nicht. Ja, sie lassen deutlich spüren, daß sie so etwas weder kennen noch wünschen.

Die Kinder an meiner Schule sind fast ununterbrochen in heftiger *Bewegung*. Wenn sie nicht Unterricht haben, rasen sie durch das Gebäude; wenn sie Unterricht haben, tappen sie mit den Händen auf die Tischplatten, die Sitzlehne, ihre Knie; sie kippeln mit den Stühlen. Eine gewisse Ruhe erziele ich gelegentlich, indem ich ihnen erlaube, sich hinzulegen. Auf jeder der Unterrichtsflächen haben sie zu diesem Zweck Polster zusammengetragen. Liegend sind sie meist aufmerksam – wenn sie nicht aneinander herumspielen. Kinder, die direkt neben mir sitzen, beruhige ich, indem ich meine Hand auf ihre Hand oder Schulter lege, sie anspreche, wenn sie wieder zu zappeln beginnen. Sie reagieren darauf oft so unmittelbar mit Ruhe, daß man geneigt ist, ihre Bewegungen als ein *calling for attention* zu interpretieren.

Die Kinder an meiner Schule haben vor allem ein Pensum: den »Umgang mit Menschen« zu lernen. So steht es im Programm und sogar auf dem Stundenplan. (Es gibt in diesem Plan außerdem den »Umgang mit Sachen«, den »Umgang mit dem eigenen Körper«, den »Umgang mit Gedachtem, Geschriebenem, Gedrucktem«.) Sie können, ja sollen in bestimmten Lagen von einer Gruppe in die andere wechseln; die Gruppen lernen darum gleichzeitig miteinander, durch keine feste Wand voneinander getrennt, auf derselben Fläche. Diese Möglichkeit der Selbstorientierung, dieses Fußfassen in einer *Gruppe,* dieses sich von ihr – mit Grund – Wieder-lösen-können gehört gleichsam zum »Stoff«. In Wirklichkeit ist der Gruppenwechsel jedoch selten und flüchtig, nach meiner Wahrnehmung: weil die Gruppen schwach – eben keine Gemeinschaften – sind. Stark und relativ dauerhaft sind dagegen die *Cliquen,* die ihrerseits um oder auch gegen einzelne Starke entstehen.

Auf den Flächen haben die Kinder *Buden* gebaut. Dies geschah schon am zweiten Tag, so daß man nicht gut sagen kann: dies sei die verständliche Folge des Großraums. Eher ist es wohl so, daß der Großraum Buden zu bauen erlaubt – und das nicht nur physisch. Man kann sich hier von den anderen in einer Bude absetzen, ohne sich von ihnen zu isolieren. Die Buden müssen – nach der Vorstellung der Kinder – uneinsehbar und schwer zugänglich sein und (genau wie die von der einen

Stammgruppe eingerichtete Diskothek und Coca-Cola-Bar) fast vollkommen dunkel.

Einhellig sagen die Eltern und Besucher, die Kinder an der Laborschule seien ohne Angst. Ob sie nur frei sind von den uns gewohnten Schulängsten (vor schlechten Noten, Sitzenbleiben, Strafen, allmächtigen Erwachsenen, aber auch zu großen Klassen, der Trennung von zu Hause, der Stofffülle) und andere Ängste noch durchbrechen werden (Angst vor der zu sehr oder zu wenig gegliederten Gruppe, vor einem fremden, sich aus eigener Lebensangst massiv durchsetzenden Stil einer anderen sozialen Schicht, vor der späteren Leistungswelt und nicht zuletzt Angst vor der Angst der Eltern) – das läßt sich jetzt noch nicht sagen. Aber es läßt sich vermuten, daß einstweilen, wo immer die Angst der Kinder abnimmt, die Angst der Lehrer zunimmt. Es gibt heute Schulen, an denen »streunende« Lehrer – Lehrer, die sich einfach nicht in ihre Klasse trauen – ein fast so großes Problem sind wie streunende Schüler. Neben der Angst vor den Kindern und möglichem Chaos haben sie heute zunehmend Angst vor den Eltern und vor der Kritik der Kollegen. Es gibt einen eigentümlichen Druck intellektueller Kollektive. Wir bekommen ihn heute überall zu spüren. In der »offenen« Schule (mit Großraum) ist ihm der Lehrer ganz unmittelbar ausgesetzt. Seit der Stellenmarkt für den Lehrer geschlossen ist, klammert er sich an seinen gegenwärtigen Posten, auch wenn offensichtlich ist, daß er in diese Schule, in dieses Kollegium schlecht paßt. Aber ich greife vor. Zurück zu den Kindern.

Meine Kinder erdulden mich wohlwollend; daß ich Unterricht geben muß – das sehen sie genau in dieser Form ein; meine Anstrengungen sind ihnen selbstverständlich; geht es um die ihren, befällt sie etwas, was ich ihre *pädagogische Wehleidigkeit* nenne: Sie reden von Motivation, und daß sie ihnen leider fehle; sie seien Legastheniker (und sehen gar keinen Grund, es nicht sein zu wollen); die alte Schule habe sie »verkorkst«; sie hätten das Lernen nicht gelernt; ich »frustriere« sie mit dem vielen Latein, das ich könne; »Sie überfordern uns Unterschichtenkinder«, sagt eines von ihnen in makellosem Hochdeutsch und ebenso präziser Einschätzung meiner Skrupel.

Etwas so zu lernen, daß sie es wiedergeben können, liegt der großen Mehrzahl dieser Kinder nicht. Dabei mutet ihnen der Unterricht heute meist zu, sich gegenseitig etwas mitzuteilen, das sie für sich oder in einer anderen Gruppe »erarbeitet« haben (so lautet der ebenso pompöse wie leere Terminus). Aber sie interessieren sich für die Äußerungen der anderen nur in dem Maß, in dem sie sie bestreiten können. Eigene Meinungen ins Feld führen – das ist das Hauptvergnügen. Woher sie ihnen gekommen sind, woran sie sich gebildet haben, wozu sie sie gebrauchen wollen, ist ihnen meist nicht bewußt. Das Fernsehen von gestern und vorgestern ist noch präsent. Das von voriger Woche ist nur noch vage erinnerlich und mit der Realität vermischt. Fernsehen, das noch weiter zurückliegt, *ist* Realität.

Was die Kinder tatsächlich zusammenbringt, sind sogenannte Projekte. Bei uns werden sie einmal im Tertial in sogenannten Intensivphasen durchgeführt – während acht oder vierzehn Tagen, in denen der normale Stundenplan dafür ausgesetzt ist. Sie bauen dann eine besonders große, solide, originelle Bude; sie drehen einen

Film; sie proben eine Radfahrt nach Holland in der einen Intensivphase und führen sie in der anderen aus. In solchen Projekten gibt es beides: *Konkurrenz und Kooperation,* und das stört sich gegenseitig nicht. In der übrigen Zeit gibt es nach meiner Wahrnehmung weder das eine noch das andere. Es gibt vielmehr heftige gegenseitige *Aggression* bis zum Terror und es gibt eine eigentümlich konsequente *Schonung:* über die bizarren Verhaltensschwächen, die mißglückten Faxen von A. B. kommt weder Hohn, noch Unwille, noch Schadenfreude auf. Der Großraum, der uns in vieler Hinsicht zu schaffen macht, tut hier übrigens seine heilsame Wirkung: die zivilisierende Wirkung der Öffentlichkeit. Da jeder jeden zu jeder Zeit sehen kann, versucht jeder die Toleranz und Achtung aufzubringen, zu der wir uns voreinander verpflichtet haben. Daß sich dies für Lehrer etwas anders ausnehmen kann, werden wir gleich sehen.

Die *Schrift* der meisten Kinder taugt für keine Kommunikation. Sie erfüllt nur die Aufforderung des Lehrers, dies oder das aufzuschreiben. Die ach-so-praktischen Ringhefter sind entweder nicht da oder es fehlt das einzulegende Papier; dicker scheinen die Hefter jedenfalls nicht zu werden. Kontinuität wird abgelehnt. Man ist in jedem Augenblick bereit, die Welt neu anzufangen. Die Gestalttherapie hat hier gesiegt, bevor sie hat kämpfen müssen.

Das Interesse für *Sexualität* kommt mit etwa zwölf auf und nimmt die Kinder vollständig ein – scheinbar ohne Leid und ohne Befangenheit zu erzeugen. Eines Tages – das Datum ließe sich herausfinden – erklären die dreizehnjährigen Mädchen, heute könne man doch keinen Lateinunterricht machen, wo etwas so Wichtiges passiert sei! Gemeint war das Urteil des Bundesverfassungsgerichts, daß die Novellierung des § 218 unvereinbar mit dem Grundgesetz sei. Nur daß die Eselin meines Nachbarn auf meinem Rasen in meiner Gegenwart eine Fehlgeburt gehabt hat, erzeugte einen gleichen Grad von Aufregung und Anteilnahme. Viele Kinder liegen in der Freizeit dicht aneinandergekuschelt auf ihren Polstern; sie fragen mich sehr eingehend aus, warum ich nicht verheiratet sei; sie sorgen sich um das Sexualverhalten von X oder Y – und unter denen, die dies besonders angelegentlich tun, lutschen zwei an ihren Fingern wie Dreijährige.

Sie hüllen sich, sobald es geht, in den *Lärm* ihrer Transistorgeräte oder Kassettenrekorder oder bedröhnen sich in den Musikzellen mit den elektronisch verstärkten Baßgitarren. Und sie schreien pausenlos aufeinander ein. Die Fähigkeit, sich Erwachsenen gegenüber zu behaupten, ist erstaunlich und nicht allein eine Frucht ihrer Angstlosigkeit. Die Kinder verfügen zwischen ihrem 4. und ihrem 14. Lebensjahr über eine selbstbewußte (und durch keinen Deutschunterricht gebrochene) Sprech-Fertigkeit, die ihnen in der Pubertät oft vergeht und durch einen nuscheligen, stereotypen, eher nach innen gewendeten Teenager-Jargon ersetzt wird. Für die Jugendlichen ist *Sprache* mehr Erkennungszeichen als Kommunikationsmittel im engeren Sinn.

Die Verständigungsbarrieren zwischen der Eltern- und der Kindergeneration setzt meist erst mit dem 13. und 14. Lebensjahr ein. Wir haben offenbar stärker als zu irgendeiner anderen Zeit die zugleich der Gemeinschaft und der Selbstbestätigung bedürftigen Pubertierenden auf sich selbst – auf ihre eigene Altersgruppe – verwiesen. Wenn die letzte, im Auftrag der Deutschen Shell-Gesellschaft vom EMNID-Institut durchgeführte Untersuchung[3] über die Jugend ergibt, daß das »Solidarisierungspotential« der Jugendlichen zugenommen habe, dann ist damit zunächst nur die Bereitschaft gemeint, sich Jugendorganisationen und Vereinen anzuschließen, in denen sie unter sich sein können. Das Interesse für Kommunen dagegen ist gering geblieben (nur ein Prozent der untersuchten Altersgruppen wohnt dort[4]) und die Fähigkeit, mit den Erwachsenen in gemischten Gruppen auszukommen, ist in dieser Altersgruppe niedriger als zuvor und danach.

Uns fällt in der Schule, zumal im Oberstufen-Kolleg der Universität Bielefeld, also unter den 16- bis 25jährigen, ihre außerordentliche Freundlichkeit auf. Sie mögen die meisten Erwachsenen; Konflikte zwischen ihnen und uns gibt es selten und sind immer schnell ausgestanden. Wir sind ihnen nicht wichtig genug. Umgekehrt sind sie uns wichtig. Ich wüßte jedenfalls keine Aufgabe, die mir wichtiger wäre, als *diesen* Halbwüchsigen zu helfen – nicht denen, die ich mir einst als meine Schüler vorgestellt habe. Ein Kollege meinte, meine Beobachtungen seien die eines Gymnasiallehrers. Volks- oder Hauptschüler seien schon immer so gewesen. Das bezweifle ich und kann es jedenfalls nicht nachprüfen.

---

[3] Jugend zwischen 13 und 24 – Vergleich über 20 Jahre. Sechste Untersuchung zur Situation der Deutschen Jugend im Bundesgebiet; durchgeführt vom EMNID-Institut für Sozialforschung, 3 Bd., 1975 (nicht im Buchhandel).

[4] Vermutlich auch, weil ihnen niemand gern eine Wohnung vermietet.

Aber daß diesen Kindern die Gemeinschaft fehlt, die sie zum Leben brauchen, ist mit Händen zu greifen. Es schmälert die Liebe zu diesen Kindern nicht, daß sie auch darauf beruht: daß sie ihrerseits etwas *dauerhaftere Beziehungen* zu anderen Personen (oder Sachen) offenbar nicht oder nur schwer eingehen können – und wer möchte ihnen dabei nicht helfen! Es erleichtert diese Liebe, daß ihnen auch dauerhafter Widerstand nicht gelingt.

Widerstand leisten sie eher gegen etwas Allgemeines, schwer Faßbares, daß sie selbst nicht bezeichnen könnten und das ich schlicht »Pädagogik«, genauer: die Pädagogisierung unseres Verhältnisses zu ihnen nenne.

Ich bin damit bei den Phänomenen, die bei den *Lehrern* anfallen. Das erste soll just dies beleuchten: die nüchterne Abwehr einer pädagogischen Illusion, für die die Kinder – wie sie spüren – die Rechnung zahlen müßten. Ich entnehme seine Darstellung dem Buch von *James Herndon:* Die Schule überleben[5] – einem Buch, das etwa 20 Fallstudien für eine Sozialpathologie der Schule enthält. In einem Kapitel, in dem Herndon schildert, wie er und drei Kollegen eine Sonderklasse mit Sonderverfahren zu behandeln versuchte, findet sich folgende kleine Episode, die illustriert, wie die pädagogische Liberalität als Anbiederung, die pädagogische Vernunft als Betrug an der Wirklichkeit abgelehnt wird:

---

[5] Stuttgart 1972 (Ernst Klett); der amerikanische Originaltitel lautet: *How to Survive in Your Native Land.*

»Wir waren durchaus bereit, alle Zensuren abzuschaffen. Wir
geben keine Zensuren, erklärten wir laut und aus voller Überzeugung vor der versammelten Gruppe. Wir wollten frei von
Druckmitteln sein. – Was? brüllten die Schüler, keine Zensuren? Was ist das für ein Scheiß? Sie wollten unter keinen
Umständen . . . ohne Zeugnisse nach Hause kommen und
erklären müssen, warum sie keine bekamen und sich dann
Schwachköpfe nennen lassen, sondern wollten in jedem Fach
eine Zensur haben . . . genau wie jeder andere Schüler auch.
Sogar ein F (für *failed*) war besser als gar nichts. – Folglich
sagten wir: wie wäre es, wenn wir jedem nur A's geben?[6] Das
paßte ihnen auch nicht. Wenn der eine arbeitet und ein anderer nicht, dann muß der Fleißige doch eine bessere Zensur
kriegen! – Also gut, sagten wir, dann schreibt euch selbst eure
Zensuren; ihr könnt euch jede Zensur geben, die ihr nach
eurer Meinung verdient habt, die ihr euch wünscht oder die
ihr aus irgendeinem anderen Grund braucht. Wir meinten,
dies sei eine befriedigende Lösung, aber weit gefehlt, denn
damit bürdeten wir nur den Kindern die ganze Last auf.«

Herndon fährt dann fort mit einer Überlegung, die
nicht mehr das Phänomen Pädagogisierung beleuchtet,
die aber eine der möglichen Deutungen und Folgerungen dazu wiedergibt, die unser allgemeineres Thema
betreffen:

»Durch unseren Entschluß, daß jeder frei sein sollte, ver-
sagten wir völlig und lösten in diesem Jahr kein einziges
Problem. Wir ermutigten nur jeden, ein Phantasie-Leben zu
führen, und zahlten den Preis damit, daß unsere Solidarität
zerbrach. Am Schluß des Jahres blieben nur Bill und ich übrig,
um es noch einmal zu versuchen; die beiden anderen Lehrer

[6] A ist die beste Note in der üblichen Skala A, B, C, D und F.

gingen – der eine, um ganz normale Naturkunde zu unterrichten, und der zweite, um in einem anderen Bezirk eine Stelle als Vize-Direktor anzutreten.« (S. 146)

Die Lehrer sind an heutigen Schulen, an modernen wie an altmodischen – so kann ich von hier aus fortfahren – nicht »solidarisch«, obwohl sie auf nichts so sehr pochen wie auf *Solidarität*. Diese bringen sie allenfalls *gegen* die Behörden, gegen die Öffentlichkeit, gegen die Eltern auf. Nicht *für* etwas: eine neue Form der Leistungsbeurteilung, einen neuen Stundenplan, eine neue Kompetenz- oder Raum- oder Zeiteinteilung. Das hat seinen Grund: Die jeweilige Sache, für die sie gemeinsam arbeiten oder kämpfen könnten, ist nie eindeutig genug; es gibt immer genug Gründe, in dem guten Neuen größere Übel zu wittern als in dem schlechten Alten. Die Kollegien sind heute an den meisten Schulen in sich zerfallen, mißmutig, resigniert. Oder die einzelnen Fraktionen bekämpfen sich gegenseitig mit Geschäftsordnungen.
Keine Aufgabe bindet sie in ihrem arbeitsteilig organisierten Beruf stärker zusammen, als die *Rivalität um die Gunst der Schüler* sie trennt. Dies ist eine echte Berufskrankheit: Der Lehrer kann wenig ausrichten, wenn die Schüler nicht wollen; er braucht ihre Zuwendung um seiner Sache willen; die Zuwendung der Schüler zu mir ist ständig durch die Zuwendung zu Herrn Müller oder Frau Meier gefährdet; Eifersucht trübt ihnen und mir die Einschätzung und den Gebrauch unserer eigenen und unserer gemeinsamen Möglichkeiten; wir bekämpfen einander – meist nicht direkt, sondern in der Phantasie und dem Gemüt der Kinder und in der Form, daß

der Lehrer X die Regeln nicht unterstützt, die der Kollege Y so besonders wichtig findet, und umgekehrt.

Nicht zuletzt das schlechte Gewissen hierüber läßt in den Kollegien heute immer wieder den Ruf nach *Gruppendynamik* laut werden. Eine Technik soll erleichtern oder erst ermöglichen, was die Einsicht in die eigene Schwäche zu tun oder zu sagen verwehrt. Kommt es zur förmlichen Gruppendynamik – womöglich gegen den Willen eines Teils des Kollegiums – verhindert sie keineswegs, daß der alte Kampf nun mit ihren Mitteln fortgesetzt wird: die einen schweigen vorsichtig; die anderen verdächtigen dieses Schweigen, bis es platzt oder aus Vorsicht Vorsatz wird; dritte »packen aus« und erpressen die übrigen mit ihren Bekenntnissen; und aus dem geplatzten Schweigen, den nicht bewiesenen Verdächtigungen, den nicht angenommenen Bekenntnissen und der inzwischen ungetan gebliebenen Arbeit entstehen die Anlässe für viel entschiedenere, bleibende Feindschaften. Kommt es nicht zur förmlichen Gruppendynamik, bleibt sie für die einen ein Heilsversprechen, für die anderen ein Ansinnen des Teufels, was beides schlimmer ist als alles, was förmliche Gruppendynamik anrichten oder verhindern könnte.

Vor allem zerstört diese etwas, was unsere Kollegen dringend brauchen und auch für sich beanspruchen: die Möglichkeit der Politik. Politik heißt bewegliche Regelung gemeinsamer Angelegenheiten, Entscheidungen aufgrund sachlicher Überzeugungsprozesse und schließlich sinnvoller Koalitionen und Kompromisse. Gruppendynamik erscheint mir als das Gegenteil solcher Politik – als die Hoffnung, es könne der schiere

Einblick in verborgene Motive, Abhängigkeiten und Ängste uns die harten Entscheidungen abnehmen oder erleichtern (vorausgesetzt, daß die gruppendynamische Veranstaltung solchen Einblick überhaupt erbringt!).

Als unerwartet unfähig erweisen sich die Kollegien, ihre *ideologischen Gegensätze* aufzulösen oder auszutragen. Sie pflegen sie im Gegenteil: die heute theoretisch legitimierten Grundsatzstreitigkeiten nehmen ihnen die viel unangenehmeren Auseinandersetzungen über die Einhaltung der Pausenordnung oder die Krankenvertretung oder die Koordinierung ihrer didaktischen Verfahren ab.

Die härteren Probleme, an denen man sich so nicht vorbeireden kann, neigt man den Spezialisten zuzuweisen. Die Funktionen der Schule nicht nur als Lehrbetrieb, sondern als Lebensgemeinschaft werden heute professionalisiert, und obwohl jeder »als Pädagoge« weiß, daß das falsch ist und nur neue Probleme schafft, läßt er es »als Teilhaber am System« geschehen, ja er preist die Vorteile spezialisierter Berater, Therapeuten, Sprachheillehrer, Medien- und Unterrichtstechnologen, Stufendidaktiker, Organisationsexperten, Öffentlichkeits- und Eltern-Kontakter, Evaluatoren, Testtechniker und so fort.

Diese *Professionalisierungstendenz* ist gepaart mit der erschrockenen Wahrnehmung der Komplexität der pädagogischen Aufgabe und folglich einem extremen *Sicherheitsbedürfnis.* Das Beamtentum, der Systemcharakter der Schule und ihre Isolierung gegen die Außenwelt wirken zu solcher Sicherung zusammen. Sie werden darum bejaht – wenn auch häufig uneingestandenermaßen. Die Vorstellungen der Lehrer davon, was

die übrigen Zeitgenossen tun und denken – zumal von
der Schule denken! – scheinen mir heute noch irrealer,
als sie es immer waren. Im Unterricht erörtert man
gerne »aktuelle« Probleme. Maßstab für solche Aktua-
lität scheint zu sein, daß das Thema in der polit-schmis-
sigen Zeitschrift *betrifft: erziehung* oder deren Links-
ableger *päd. extra* behandelt worden ist. Die Lehrer
merken nicht, wie aus der Gastarbeiterfrage und dem
»Berufsverbot«, aus NC-Kritik und Sesamstraßen-
Verriß, aus Anti-Lorenz und Anti-Jensen in der Isolierung und Wiederholung von Schulunterricht lauter
Kunstgebilde werden und sich auch Rollenspiel, Inter-
view, Soziogramm in »Altägypten« oder den »Anbau
von Flachs« verwandeln, die bei Herndon die verabso-
lutierten Schulgegenstände repräsentieren. Das Interesse an Reformen bei Behörden und Politikern über-
schätzen wir alle – ob wir sie nun für oder gegen diesel-
ben mobilisieren wollen. Eine Schule ist sich selbst eine
Welt – ihre Maßstäbe müssen darum in der wirklichen
Welt falsch sein. Nicht daß die Schule notwendig eine
falsche Vorstellung von der Realität hat, ist pathogen
(wer könnte, wenn dies gilt, gesund sein!) – sondern daß
sie fest glaubt, über die Wahrheit zu verfügen und das
Licht der Aufklärung in die Welt bringen zu müssen.
Ich zitiere noch einmal Herndon:

»Eines Nachmittags, in unserer Freistunde . . . blickte sich
einer von uns um und sagte plötzlich: Dieses Kollegium ist die
Doofen-Klasse. So war es. Betrachten wir doch einmal die
Stadt oder das ganze Land als Schule – wobei das übliche Bild
von der Schule als Spiegel der Gesellschaft umgekehrt wird
zu: Gesellschaft als Spiegel der Schule – und nehmen wir an,

die Gesellschaft werde benotet und nach ihren Leistungen gruppiert: Spitzenleistung, hoher Durchschnitt, Durchschnitt, niedriger Durchschnitt, höheres Unterniveau, Unterniveau, Unter-Unterniveau. Dann ist unser Kollegium, sind alle Kollegien, Lehrer, Erzieher die Doofen-Klasse. Wir sind die Doofen-Klasse, weil wir *nicht lernen können* und weil wir keine *Leistungen vorweisen können* – cannot achieve.« (S. 119 – Hervorhebungen von mir.)

Dies ist vielleicht wieder eine Übertreibung – aber sie gibt etwas von dem Unterbewußtsein preis, das die Sozietät der Lehrer und der Schule bestimmt. Wo dieses Unterbewußtsein zum Bewußtsein wird, löst es auch bei den Lehrern Wehleidigkeit aus. An seinem Sozialstatus leidet der Lehrer nicht mehr, aber – wenn er gut ist – an den Zweifeln, ob seine Sache, sein Lehr- und Erziehungsauftrag in dieser Welt noch einen Sinn habe. Unterschlägt er diesen Zweifel oder hat er ihn gar nicht, ist es wirklich einerlei, ob er Altägypten lehrt oder Probleme der Dritten Welt, ob er Noten erteilt oder nachsitzen läßt oder gruppendynamische Gespräche führt.

Vielleicht ist der eigene Wunsch nach Schonung oder Heilung das tiefere Motiv dafür, daß Lehrer einen immer größeren Teil ihrer Aufgabe an die Therapeuten abgeben oder in eine *Therapie* verwandeln. Es gibt natürlich auch andere Gründe dafür. Aus der vorherrschenden »wissenschaftlichen« Erklärung von Tatbeständen, nämlich durch den Aufweis von Ursachen, haben wir uns gerade in den *Sozialwissenschaften* daran gewöhnt, zu allem zunächst die Determinanten zu erforschen. Sie zu wissen, macht die Erkenntnis der Sache aus. Hat man es bei der Beurteilung eines Verhaltens

(z. B. eines Kindes) nicht mehr mit einem spontanen oder gewollten oder gar verantworteten Phänomen zu tun, sondern mit etwas früher und indirekt Verursachtem, dann liegt eine therapeutische Reaktion nahe: Ich habe nicht *diese Person* vor mir, von der ich das fordern, der ich jenes erklären oder versagen kann, sondern einen zu behandelnden Zustand. Wie die Gruppendynamik die Politik ablöst, so die Therapie die Moral. Ich kann nicht mehr verlangen: »Gib dir Mühe mit deiner Schrift!«, ich lasse vielmehr eine »Schreibstörung« feststellen und überweise sie dem Spezialisten. Und so mit allem, woran sich das Suffix »-störung« hängen läßt. Therapie des Gesunden aber macht krank.

Die *Überforderung* mit der Fülle dessen, was heute auf den Lehrer zukommt – gestörte Kinder, wechselnde und unerfüllbare Anweisungen der Wissenschaften, eine permanente Reform ohne Vorbereitung, der hohe politische Anspruch an seinen Beruf – diese Überforderung läßt den Lehrer genau zu den Mitteln greifen, die ein verantwortetes und soziales Leben in dieser Welt so schwer, das Kindsein in ihr so unerfreulich, das Erwachsenwerden fast unmöglich machen – extreme Arbeitsteilung, Objektivierung seiner Erkenntnisse, Standardisierung seiner Maßnahmen, Ideologisierung seiner Absichten und Konflikte. Vor allem aber flieht er aus der Schule, sobald er kann, nach Hause, wo er dann vielleicht noch an seinem Curriculum arbeitet, aber auf jeden Fall der Totalität seines Berufes entgeht.

Wenn die Untersuchungen, die heute über die Schulwirklichkeit gemacht werden, nicht so hoffnungslos auf die Schichtenproblematik, auf den Vergleich der Schularten, auf die Feststellung von Leistung, Leistungszuwachs, Leistungsdruck festgelegt wären, würde die Wissenschaft vielleicht Aufschluß darüber geben, wie diese Lebenslage und dieses Selbstbewußtsein der Lehrerschaft sich auf die Societät Schule auswirken. Da wird das Schulklima z. B. in verschiedenen schematisch definierten Kontexten erforscht: 1. Kontext »Hoher Leistungsdruck/Positive Sozialbeziehung«, 2. Kontext »Hoher Leistungsdruck/Negative Sozialbeziehung«, 3. Kontext »Geringer Leistungsdruck/Positive Sozialbeziehung«; das Ergebnis resümieren die Autoren wie folgt:

»In diesem Zusammenhang ergab sich zunächst einmal, daß die soziale Statusdifferenzierung unter den Schülern nach den Prestigekriterien der Kurszugehörigkeit und des gesellschaftskritischen Bewußtseins, die sich im Gesamtschulsystem insgesamt als so bedeutsam erwiesen hatten, in jenen Kontexten nicht mehr so eindeutig war, wo die sozialen Beziehungen zu den Lehrern als schlecht beurteilt wurden . . . In den Kontexten mit positiven Lehrer-Schüler-Beziehungen dagegen konnten wesentlich eindeutiger Meinungsführer und Schülereliten identifiziert werden, die sich durch hervorragende Schulleistungen (Kurszugehörigkeit), ausgeprägt kritische Einstellungen und hohes Selbstbewußtsein auszeichnen.«

Und sie folgern:

»(Das Ergebnis kann interpretiert werden:) Zum einen als wünschenswerter Abbau sozialer Hierarchisierungstendenzen unter den Bedingungen weniger guter Sozialbeziehungen zu den Lehrern; zum anderen aber auch als Hinweis darauf, daß dort, wo das positive Engagement des Lehrers als

verbindendes Element der sozialen Beziehungen unter den
Schülern wegfällt, es überhaupt zu einer Korrosion integrier-
ter Sozialstrukturen in den formellen Schülerbeziehungen der
Kernklasse kommt.«[7]

Die Autoren meinen, Gründe für die zweite Auslegung
zu haben. Wer sich durch die schlimme Sprache bis zur
Sache durchgehört hat, der hat erfahren, daß zwar Pre-
stigedenken und Rivalität nachlassen, wenn der Lehrer
sich nicht sehr auf die Schüler einläßt, umgekehrt aber
auch die Beziehungen der Schüler untereinander
verkümmern (»korrodieren«). Und weil hierzu eine
Untersuchung mit einem minimalen aber in Zahlen
angebbaren Ergebnis vorliegt, wird wohl hinfort die
»Sozialpathologie« der Schule an dem »positiven Engagement« der Lehrer fest- und dieses wiederum vom
Leistungsdruck abhängig gemacht werden.
Wenn ich an der Laborschule eine Umfrage unter den
Schülern machte, was sie an ihren Lehrern am meisten
schätzen und was am meisten mißbilligen, es käme vermutlich heraus: man könne mit unseren Lehrern über
alles reden und – leider haben sie nie Zeit dazu. Wenn
ich auf der anderen Seite die Lehrer befragte, was sie
für ihren besten Dienst an diesen Kindern halten, sie
würden vermutlich sagen: wir nehmen ihnen die Angst
– vor der Schule und vor einander; wir stiften einen
leidlichen Frieden unter ihnen. Sein größtes Versäum-
nis an den Kindern würde wohl jeder Lehrer anders

[7] Helmut Fend u. a.: Zwischenbilanz eines Schulversuchs, Ergebnis-
se einer empirischen Vergleichsuntersuchung zwischen Gesamtschulen und dreigliedrigem Schulsystem, in: Gesamtschule, Heft
3/75.

sehen. Meine eigene Antwort wäre: daß wir ihnen nicht helfen, verläßliche Beziehungen aufzubauen – wir geben ihnen kein Beispiel dafür, daß Erwachsene mit verschiedenen Ansichten, Gaben und Temperamenten sinnvoll zusammenarbeiten können, wenn sie nur das gleiche Ziel haben und sich auf einige vernünftige Regeln einigen. Wir geben ihnen kein Beispiel, wie man Streit austrägt und Frieden schließt, sondern den Anblick eines nervösen Hickhacks über sehr abstrakte oder sehr kleinliche Dinge. Und wir können ihnen kein Beispiel geben für eine mutige (nicht unbedingt angstfreie), selbstbestimmte und selbständige Verfolgung bedeutender Ziele. Auch an der Laborschule, in der die Lehrer mit dem Freibrief von Wissenschaftlichkeit ausgestattet sind, verhalten sie sich immer wieder subaltern – weil ihre Aufgabe subaltern, abgeleitet, von sehr mittelbarer, wenn nicht vorgetäuschter Wichtigkeit ist. Ist schon für unser aller Leben in der säkularisierten und so sichtbar nicht-fortschreitenden Welt die Sinnfrage fast nicht mehr zu beantworten, so fällt sie an der Schule hoffnungslos ins Leere – in die allgemeine Erziehungsrhetorik. Gemeinschaften aber können sich – außer in Zeiten der Not – nur um Personen, Aufgaben oder Ideen bilden. Den Personen wird dies an den Schulen organisatorisch und ideologisch sehr erschwert, die Aufgaben sind künstlich, und die Idee ist ungreifbar fern. Der Versuch, sie durch Interessen zu ersetzen, geht zur Zeit – gottlob! – kaputt.

An dieser Stelle müßte nun die Analyse der Phänomene, die Zuweisung zu den ursprünglichen Hypothesen

und die Einordnung in eine vorhandene oder zu bilden-
de Theorie folgen: Was haben die Kinder hiervon mit-
gebracht? Was hat die Schule als solche erzeugt? Was
ist Schuld dieser besonderen Schule? Wie wirkt sich im
Angesicht dieser Lage der (herkömmliche) Auftrag der
Schule auf die Lehrenden und Erziehenden aus und
deren Bewußtsein und Verhalten wiederum auf die
Kinder? – Dies zu tun, ist hier nicht nur kein Platz mehr,
sondern es ist wohl noch nicht an der Zeit. Die Wiedergabe meiner Beobachtungen hat gleichwohl ihren sy-
stematischen Sinn: sie steuern die Aufmerksamkeit und
die kritische Kommunikation und damit den Kontext,
in dem sie weiterverfolgt werden. Man muß außerdem
heute nicht Fachmann sein, um jene Erscheinungen
auszulegen – auf der einen Seite das Schutz- und Höh-
lenbedürfnis der Kinder, die Abwehr der zufälligen
Gruppe, die motorischen Signale, die Spannungs- und
Richtungslosigkeit ihrer sexuellen Selbsterkundung,
und auf der anderen Seite die Unsicherheit der Lehrer
und deren verschiedene Kompensationsmittel. Man
wird auch naheliegende Folgerungen ohne Hilfe ziehen
können, z. B. daß die heftige physische Bewegung, in
der die Kinder sich befinden, solchen Gemeinschafts-
aufgaben, die mehr Personen umfassen und der Ordnung bedürfen, im Wege ist. Umgekehrt sieht man sofort ein, wie falsch es ist, diese Bewegung zu unterdrük-
ken. Unsere Aufgabe heißt: die Bewegung in Aufgaben
und Regeln einfassen. Nirgend sind die Kinder so gut
wie auf dem Spielfeld! Und das wiederum beweist, daß
sie solche Gemeinschaftsordnungen *lernen können,* wie
denn überall sichtbar wird, daß sie sie *lernen müssen,* ja
dies vor allem anderen!

Ich ziehe meine eigenen Folgerungen hier in der Form von einzelnen Thesen und erspare mir die verbindenden Sätze. Wichtig war mir bei der Auswahl der aufgeführten Erscheinungen, daß sie nicht als Folge dieser oder jener pädagogischen Anordnung gesehen werden – die man also je für sich ändern kann – sondern als Probleme von »Schule« überhaupt. Ich vermag nicht einmal, das eine oder andere »pathogene« Prinzip herauszuheben und abzulösen. Es geht immer um einen zähen und komplexen Zusammenhang und nie um zwei Dimensionen allein wie Leistungsdruck und Sozialbeziehung, oder Gliederung des Angebots und soziale Gliederung der Schülerschaft, oder stetiger Klassenverband in allen Fächern und Kurssystem. Die Erscheinungen bestätigen mir zunächst, daß alle vier eingangs gestellten Hypothesen zutreffen; in anderer Anordnung:

– Kinder kommen heute in die Schule mit einer durch ihre voraufgehende Erfahrung und durch ihre Umwelt erschreckend unterentwickelten Fähigkeit zur Sozialität; ihr Bedürfnis nach Geborgenheit, Zugehörigkeit, Verläßlichkeit steht im umgekehrten Verhältnis dazu;
– die Schule ist in einem ebenso erschreckenden Maß ungeeignet, ihnen dabei zu helfen, befriedigende soziale Erfahrungen zu machen; sie ist dafür weder gebaut noch ausgestattet, noch sind ihre Lehrer darauf vorbereitet; deren Funktionen haben alle etwas mit schulischem Lernen, mit dessen Organisation, Verwaltung, Überprüfung, Sicherung zu tun; ja die Schule ist in den letzten Jahrzehnten gerade in dieser

Hinsicht perfektioniert worden und kann den Auftrag, den Kindern ein sinnvoller Erfahrungsraum zu sein, schon darum ebenso schlecht übernehmen, wie sie ihn aus anderen Gründen ablehnen kann;

- die Kohäsion der Erwachsenen, der Lehrer, wird durch ideologische Fraktionierung, durch Professionalisierung und extreme Arbeitsteilung, durch gegenseitige Konkurrenz verhindert und wirkt als negatives Vorbild auf die Gemeinschaft der Schüler;
- die Schule hat den Erwachsenen die Kinder abgenommen, um sie zu belehren; weil die Kinder fort – in der Schule – sind, hat sich das Leben der Erwachsenen umgestellt, nimmt keine Rücksicht auf sie und das, was man zum Aufwachsen braucht; die unerziehlich gewordene Welt erzwingt eine gesonderte Einrichtung, in der Kinder aufwachsen können;
- wo die Schulen, die Lehrer dies erkannt haben, reagieren sie zunächst mit ihrem engen, an Unterrichtsgegenständen entwickelten Begriff von Lernen; wohlmeinende Außenstehende bestärken sie darin; Kinder – heißt es – müßten »lernen (zu) hören, (zu) finden und (zu) akzeptieren, wie dem anderen . . . wirklich zumute ist, was er denkt, was er sagt, was er fühlt, was er wirklich will.«[8] Das ist wenn schon vage, so doch vielleicht richtig, obwohl mich schaudert bei der Aufzählung von Selbstverständlichkeiten, die nun mit Hilfe von *Schule* »gelernt« werden sollen; wenn dann daraus ein regelrechtes Curriculum gemacht wird, ist es bestimmt falsch;

[8] Diese »Verheißung« zitiert kritisch W. Jacob 1973, S. 241 (vgl. Anm. 1).

- denn die *Lebensprobleme der Kinder überwältigen ständig ihre Lernprobleme;* wer ihnen nicht zuerst auf einer ganz anderen elementaren Ebene hilft zu leben, verhindert, daß sie jenes Curriculum je lernen wollen[9];
- die schulische Schule, die auch Lebens- und Erfahrungsraum sein soll, ist zugleich überfordert und überschätzt; soviel kann man an Schulen nicht lernen, zumal wenn sie, wie wir gesehen haben, eine Kunstwelt darstellen: Kinder unter Kindern, mit einigen Erwachsenen, die nur in der Schule eine Funktion haben und im übrigen Leben mit ihrer Tätigkeit keine Verwendung fänden, dazu in großer Zahl und ständig mit der guten oder der besseren Welt beschäftigt, die zu verwirklichen niemand ohnmächtiger und unfähiger ist als die Insassen von Schulen;
- aber just in dieser Verfassung ist die Schule das vollendete Alibi für die unerziehliche Umwelt;
- die Schule abschaffen, ist aus vielen Gründen unmöglich; der organisierte Arbeitsprozeß kann die Kinder und Jugendlichen nicht aufnehmen; lernen würden sie dort auch nichts; zu Hause gibt es nicht einmal eine Großmutter für sie, geschweige denn Eltern, denen man bei der Arbeit zusehen und helfen, eine Natur, die man erkunden, Aufgaben, an denen man selbständig, geschickter und weiser werden kann.

[9] Wie wenig auch die Kritiker der Schule von deren Vorstellungen wegkommen, mag man an der Tatsache ablesen, daß Ruth C. Cohn »Ich« und »Wir« nicht über eine »Aufgabe«, sondern über ein »Thema« zusammenführt, also über etwas, worüber man *spricht.*

Wir sollten uns mit folgenden Wahrheiten befreunden:
- Die Schule ist unvermeidbar – bis wir die Welt verändert haben (und das wissen die Kinder, weshalb sie lieber in die Schule gehen, als sich in der Welt herumzutreiben, »in der auch nichts los ist«).
- Die Schule kann nicht gut sein; es gibt immer nur Gutes in schlechten Schulen – und was gut ist, wechselt mit den Zeiten und dem Zustand der Schulen.
- Schulen sind nicht so wichtig, wie man sie macht. Daß man sich soviel von der Pädagogik verspricht, zerstört die paar Chancen, die der Pädagoge tatsächlich hat.
- Die Ansammlung von vielen Kindern – streng nach Altersstufen gegliedert, in einem Gebäude für lange Zeit unter ständig gleichen Ordnungen – ist ein Irrtum; die Verlängerung der Schulzeit, die Vermehrung der Gegenstände, die Verfeinerung der Beurteilungsinstrumente, die Komplizierung der Stundenpläne sind ein Irrtum; die Veränderung der Gesellschaft durch die Schule ist ein Irrtum; die Präokkupation mit den Bevölkerungsschichten ist ein Irrtum; der Streit um Großraum oder Klassenraum ist ein Irrtum; die Isolierung der Schule von der Umgebung ist ein Irrtum. (Ich habe einmal einer Klasse von Jungarchitekten, die mir ihre Pläne für ein großes Schulzentrum zur Begutachtung vorführten, vorgeschlagen, sie sollten vielleicht lieber – statt jenen alten Häuserblock abzureißen, auf dem die neue Schule entstehen sollte – diesen um- und ausbauen, mitsamt seinen Kinos, Cafés, Läden, Garagen, Höfen, Gärten; auch einige Bewohner, die gerne mit Kindern zusammenleben, sollten dableiben – das

wäre ein Kompromiß nach meinem Sinn, eine kleine Voraussetzung dafür, daß Kinder sich selbst, die anderen, die Umwelt, die Aufgaben unseres Lebens erfahren.)

– Die Hoffnung, die Schule könne die bedeutenden Probleme von draußen hereinholen oder sie einfach in sich abbilden, ist eine Illusion. Das gelingt nicht einmal in den Oberklassen. Wo es aber keine notwendigen, bedeutenden, die Schule überschreitenden Aufgaben gibt, gibt es auch keine haltbare, keine lohnende Sozietät. Was da in den Schulen nicht gelingt, ist zu einem großen Teil dort nicht möglich und schon gar nicht »heilbar«.

– Vollends vergeblich erscheint mir der Versuch, die Schule aus einer Lernanstalt zu einer keinen anderen Zwecken dienenden Lebensanstalt zu machen: es solle nicht mehr primär etwas Sachliches gelernt werden, sondern etwas Soziales; die Unterrichtsinhalte und -ziele sollten instrumentell zu den sozialen Lernprozessen eingesetzt werden[10].

– Vor allem aber gilt es, die Lehrer psychisch zu entlasten und (dies ist damit nicht etwa identisch!) die Eltern immer mehr an der Arbeit der Schule zu beteiligen.

[10] Sabine Gerbaulet und Christian Petry: Wie macht man Große Schulen klein? Fünf Thesen zur sozialen Reorganisation der Gesamtschule, in: Gesamtschule Heft 3/1974. Mein Einwand kommt aus der Erfahrung, wie trivial und künstlich die sozialen Lernprozesse einer Schulklasse sind – eine Nabelschau. Wir wissen das doch aus der jahrzehntelangen Mühe um eine funktionierende Schülermitverwaltung. Schule *ist* ein Aufbewahrungsort. Ernstzunehmende Aufgaben entstehen nur, wenn man diesen einreißt und hohe Risiken eingeht, zu denen heute niemand freiwillig bereit ist.

Die Schule ist ein Teil unserer nicht nur industrialisierten, sondern unserer industriell lebenden Gesellschaft. Wir produzieren nicht nur industriell, sondern sind in allen Lebensbereichen zu serienmäßigen, rationalisierten, entpersonalisierten Verfahren übergegangen: im Verkehr, im Wohnen, in der Nachrichtenvermittlung, in der Unterhaltung, im Reisen. Das mußte die Schulen auch dann berühren, wenn sie nicht von allein zu industrieller Unterrichtung übergegangen wären.

Zur antiken Polis, zur Idylle des Mittelalters, dessen gänzlich andere Kindheitsverhältnisse uns Philippe Ariès so deutlich vorgestellt hat, zu Jeremias Gotthelfs Schulstube und selbst zu den »Oberheudorfer Jungen und Mädchen« können wir nicht mehr zurück. Wir brauchen Einrichtungen, die die Kinder aus der Kleinfamilie, aus der Vier-Zimmer-Wohnung in deutlichen Stufen zunehmender Komplexität und Freiheit an die Welt heranführen, wie sie ist. Entscheidend für die Sozietät, die diese Kinder dann selbst einmal in jener Welt schaffen, sind eindrückliche und einleuchtende Maßstäbe für die gute Gemeinschaft. Die Preisungen unserer guten, freien, rechtsstaatlichen, Selbst- und Mitbestimmung gewährenden Gesellschaft haben keinen Sinn, wenn die Ziele und Ordnungen abstrakt, die Beteiligungsmöglichkeiten immer nur indirekt, die Beziehungen anonym bleiben: Die Gebilde, in denen wir leben, sind zu groß. Die Frage der Größenordnungen wird in den kommenden zwei Dekaden vermutlich zu der entscheidenden Frage unserer Zivilisation werden. Bis dahin können Schulen schon damit anfangen: kleine überschaubare Einheiten schaffen, in denen der einzel-

92

ne gesehen, gehört und gekannt wird – ohne daß man erst darüber *belehrt* werden müßte; diese Einheiten werden im Laufe der Entwicklung des Kindes größer, differenzierter und wechseln einen Teil ihres Bestandes. Daß dies mit den sog. Leistungsanforderungen unserer Zivilisation nicht zu vereinen sei, ist nicht erwiesen, weil es so nie versucht worden ist.

In dem italienischen Dorf, in dem ich diese Gedanken notiere, sehe ich morgens beim Brötchenholen ein zehnjähriges Mädchen, das dem Vater beim Zementmischen hilft: sie bedient die kleine, von einem Benzinmotor betriebene Maschine, während er die Bütte trägt; beim Mittagessen im Restaurant rechnet der dreizehnjährige Sohn des Wirtes die nicht gerade einfache Mahlzeit ab; auf der Überfahrt erzählt mir ein Gastarbeiter, daß es ihm in Deutschland gut gefallen habe, aber leben könne er da nicht: es habe ja niemand für den anderen Zeit, niemand rede recht mit den anderen; beim Abgeben der Garderobe im Thermalbad erklärt mir eine einfache – was heißt hier »einfach«? – Badefrau die verschiedenen Bäder und Prozeduren in fließendem, fast fehlerfreiem Deutsch. Sie hat es im Umgang mit den deutschen Urlaubern gelernt.
Ich kann das nicht schlechter finden als das, was wir zur gleichen Zeit mit ungeheurem Aufwand in gemüts- und geschichtslosen Schulgebäuden erreichen, wobei ich nicht an Elitegymnasien denke; ich wundere mich freilich auch nicht, wenn mir mit dem örtlichen Kommunistenführer ein längeres Gespräch über Italiens Wirtschaft gelingt in einer Offenheit und Anschaulichkeit, wie ich sie bei einem liberalen deutschen Nationalöko-

nomen schwerlich finden dürfte, oder wenn die Nachbarin, eine 50jährige Weinbäuerin, uns über den Zaun hinweg fragt, ob wir das schöne Gedicht in der gestrigen Gazetta gelesen hätten – und es dann gleich auswendig hersagt. Leistung und Sozietät scheinen mir nicht unvereinbar, und wenn wir noch einen Teil unserer überschüssigen Produktivität, unsere Arbeitslosen und Rentenempfänger (die gerne noch nützlich wären) dazu einsetzen, um die geringere Ertragsfähigkeit der kleineren Einheiten auszugleichen, dann könnten wir auch in ihnen leben und nicht nur lernen. Die Neurosen, die wir in unseren Schulen haben oder erzeugen und jedenfalls nicht beseitigen, werden dereinst sehr viel kostspieliger sein. Sie sind es vermutlich heute schon.

Ja, eine Pathologie der Schule – das wäre ein weites Feld, ein fast zu weites, um nicht schon wieder der Verführung zu »industriellen« Erkenntnisformen und zu einzelnen linearen Handlungsprogrammen zu erliegen. Sie täte gut, sich und ihren Gegenstand zu beschränken, die Schulen oder die Pädagogik auf *minima* statt auf *optima* zu verpflichten und dafür zu sorgen, daß man das Leben wieder am Leben lernen kann. Daß wir sie als Wissenschaft brauchen, das habe ich nicht zuletzt durch dieses Referat selbst bewiesen: damit sie die Probleme aus den subjektiven Wahrnehmungen und pauschalen Behauptungen der Hentigs befreie und in allgemeine Erkenntnisse überführe.

Eine Schule für heutige Menschen-Kinder

Vortrag auf der Bildungspolitischen Fachkonferenz des SPD Landesverbandes Bayern in München am 3. April 1976

Wenn heute Schüler und Lehrer gereizt, unfroh, überanstrengt, neurotisch sind, dann nicht, weil das Pendel nach links ausgeschlagen ist oder nach rechts, sondern weil es *extrem* ausschlägt: an jedem der Enden wird es inhuman.

Die Frage ist: Wie kann *das* vermieden werden? Und meine Antwort ist: Nur indem die Reform fortgesetzt wird, sich beharrlich selbst korrigiert, an ihren eigenen und an anderen Erfahrungen lernt. Und dies wiederum kann sie nur, wenn sie einerseits Zeit hat und andererseits Zutrauen. Die Zeit gewinnt sie durch eine ebenso langfristige wie bewegliche Planung; das Zutrauen nur durch kontrollierte Experimente. Über die Richtung aber, in der Planung und Experiment gehen müssen, werden wir uns solange streiten, wie wir keinen übergreifenden Maßstab für das haben, was Schule heute sein muß.

Die Theorie der Schule macht hierfür eine Fülle von Angeboten. Ich hebe aus ihnen die Bestimmungen hervor, die m. E. *nicht* genügen und heute doch im Streit um die äußere und innere Gestaltung der Schule eine große Rolle spielen:

– Schule sei der Ort, an dem die kommende Generation in die Tradition, das Wissen, die Einrichtungen unserer Kultur eingeführt werde.

- Schule sei ein Ort, an dem die kommende Generation mit den Kenntnissen und Fertigkeiten ausgestattet werde, derer unsere Gesellschaft zu ihrem
wirtschaftlichen und politischen Funktionieren
bedarf.
- Schule sei ein Ort, an dem die Gesellschaft an bestimmten Lernaufgaben eine Auswahl oder Sortie-
rung der Personen für die wichtigeren Positionen
vornehme.
- Schule sei ein Ort, an dem Kinder geschützt aufwachsen können, ein »Schonraum«, schön gesagt,
eine »Bewahranstalt«, weniger schön gesagt.
- Schule sei der Ort, an dem den jungen Individuen
geholfen werde, ihre Begabungen zu entfalten.
- Schule sei ein Ort, an dem der junge Mensch Identität finde, Rollen aus einem breiteren Repertoire
wählen, erproben, wechseln könne und dadurch auf
das Leben in der Gesellschaft vorbereitet werde.

Keine dieser Definitionen genügt für sich allein; keine
ist ganz falsch, jedenfalls wenn man sie als Feststellung
einer Funktion und nicht als Bestimmung, als Norm
versteht. Nimmt man sie zusammen, entstehen Widersprüche, die nur durch eine Hierarchie, durch Unterordnung des einen unter das andere gelöst werden können. Die Unterordnung fiele mir schwer, wäre nicht in
den letzten Jahren eine Art Notstand eingetreten, der
mir jedes Zaudern verbietet: die Lebensprobleme der
heute heranwachsenden Kinder sind so viel größer als
ihre Lernprobleme, sie schieben sich so gebieterisch vor
diese oder fallen ihnen in den Rücken, daß die Schule,
wenn sie überhaupt belehren will, es erst mit den Le-

bensproblemen aufnehmen muß: sie muß zu ihrem Teil Leben ermöglichen.

Kinder kommen heute in so großer Zahl, wie es heißt, »gestört« an die Schule, daß wir mit Maß-nahmen nicht nachkommen, sondern unsere Maß-stäbe verändern müssen. Ich habe, seit ich die Kinder als Lehrer wieder täglich beobachte, wiederholt geäußert: ihr Verhalten sei – gemessen an ihrer ge- und zerstörten Umwelt – sehr normal. Die Flut von Diagnosen, mit denen die Psychiater die Kinder bedenken – »verhaltensgestört«, »lerngestört«, »kontaktgestört«, »konzentrationsge-stört«, »spielgestört«, »lesegestört«, »rollengestört«, »arbeitsgestört«, »beziehungsgestört« etc. etc. – scheint mir nur den Abstand der älteren Generation zum tatsächlichen Zustand und der Erfahrungswelt der heutigen Kinder anzuzeigen. Wir müssen uns einen an-deren Begriff von den Kindern machen – und unsere Einrichtungen entsprechend ändern, wenn nicht auch sie an weiteren Störungen schuld sein sollen: nicht »krank machen«, wie man heute allzu einfach sagt.

Das auffälligste an den heutigen Kindern ist ihre sit venia verbo »Unfähigkeit zu trauen« (nicht trauern!) – ein sie beherrschendes Gefühl, zu kurz zu kommen, übergangen, übersehen, überhört, ungerecht belastet oder beschuldigt zu werden. Sie schreien sich gegensei-tig ständig nieder; sie sind zu einer gemeinsamen Lei-stung und Ordnung nur unter mathematischer Auftei-lung der Aufgaben und Opfer bereit – oder in einer Clique, die sich gegen andere absetzt und möglichst einen Boß hat; sie sind heftig und fahrig in ihren Bewe-gungen, von einer überwältigenden Vitalität; sie sind dabei mit ihrem Körper wenig vertraut und noch weniger befreundet; von den Erwachsenen mit mehr Rücksicht behandelt als zu anderen Zeiten, sind sie einer solchen selber nicht fähig; ihr Realitätssinn ist beschränkt und intensiv; ihre Empfindlichkeit gegen pädagogisches Verhalten der Erwachsenen steigern sie gegenseitig; angefüllt mit den Weltbildern der Werbeschau, den ständig wiederholten und darum so wirksamen sozialen Klischees von Bonanza und den Waltons, ohne Erfahrung mit eigener Existenznot, aber täglich mit den Televisionen von Katastrophe und Verbrechen, von Weltmacht und Weltohnmacht konfrontiert, haben sie ein prall ausgefülltes Erleben, das wir im Unterricht kaum berühren und mit unserem Verhalten – der freundlichen Herablassung, der übertriebenen Ermunterung, der nervösen Abwehr, der rationalisierten Ausflucht, der gestümperten Gruppendynamik – zugleich zu unserem Richter machen. Unsere Not mit ihnen ist ihnen unverständlich und die, die wir miteinander haben, eine Karikatur.

Daß und wie einer etwas Rechtes tut, einen Stuhl zimmert, einen Film dreht, ein Buch schreibt, einen Garten bestellt (und dies nicht aus erzieherischen Gründen, sondern weil er das Gemüse braucht und die Arbeit genießt), erfahren sie nicht; wenn es hoch kommt, spielt einer mit ihnen Hockey oder Fußball und ist dabei schlechter als sie. Für die mißlichen Seiten dieser Welt stehen wir nicht ein; wir verändern nicht, woran wir selber leiden; wir halten uns nicht an die Regeln, die wir selber erfunden und erlassen haben; wir sind das, wovor wir sie dauernd warnen und bewahren wollen: Verbraucher und Funktionäre, unnütz und verdrossen! Wo soll da ein fester Seelenboden entstehen, ein Wille oder gar eine Lust zu lernen, ein Bewußtsein von Verantwortung für eine gemeinsame Sache?

Übertreibe ich? Man gehe in die Schulen und durchbreche mit ein paar Bemerkungen das Schweigen der Lehrer und erfahre, was aus ihnen hervorbricht, gerade aus denen, die in den letzten 10 Jahren für die Reform gearbeitet haben!

Die »Schule als Erfahrungsraum«[1] ist – das weiß ich längst – eine Überforderung, eine Utopie. Da aber die Kinder keinen anderen Ort zum Aufwachsen haben (und das auch wissen!; aus meiner Schule sind sie darum nachmittags kaum herauszutreiben), müssen wir uns dieser Utopie wenigstens zu nähern versuchen. Zugleich – und das ist erst recht eine Überforderung – müssen die bestallten Pädagogen die Umwelt allmählich erziehlich zu machen versuchen, ihr die angestammten Aufgaben zurückgeben, sie mit der Frage anstecken: wie wirkt das oder das auf Kinder? und mit der Freude, die es macht, sie an der eigenen Tätigkeit zu beteiligen.

Dabei sind uns die ungewollten Merkmale der Schule mehr im Wege als die ideologischen und sachlichen Fehler. Ich meine damit: (1) die unnötige Komplexität, (2) die falschen Größenordnungen, (3) die sterilisierenden Einteilungen und die Trennung vom übrigen Leben, (4) die Bürokratisierung und Quantifizierung, (5) den Determinismus, mit dem eine mißverstandene und mißbrauchte Empirie die Pädagogik insgesamt heimsucht.

[1] Vgl. Hartmut von Hentig »Schule als Erfahrungsraum? Eine Übung im Konkretisieren einer pädagogischen Idee.« Stuttgart 1973 (Ernst Klett).

Zu jedem dieser Stichworte wenigstens ein paar Sätze – ohne Einhaltung der Reihenfolge: Die Überanstrengung der Kinder, die man heute »stress« nennt, liegt nicht in der Fülle des zu paukenden, zu schreibenden, zu lesenden, zu reproduzierenden Stoffes, sondern in der Endlosigkeit und Unabsehbarkeit, der Feindseligkeit und Schicksalhaftigkeit dieses Vorgangs. Aus der Anstrengung wird vollends Panik durch die mitgespürte Angst und Hilflosigkeit der Eltern. Diese (wie auch die Lehrer) können sich nicht mehr wehren, weil alles so kompliziert geworden ist. Sie brechen unter den Berechnungen zusammen, statt unter der Arbeit oder dem Abwehrkampf. Wer einmal die Informationsschriften seines Kultusministeriums für die »differenzierte gymnasiale Oberstufe in der Sekundarstufe II für die Schüler der Klasse 10 der Hauptschule, der Realschule, des Gymnasiums, der Gesamtschule und des beruflichen Schulwesens, die die Berechtigung zum Besuch der Jahrgangsstufe 11 eines Gymnasiums erwerben« (allein dieser Titel!) in die Hand genommen hat, weiß, daß Schule nicht in erster Linie »lernen«, sondern »sich in ein System einordnen« heißt. Elf doppelspaltige Seiten (die man nur versteht, wenn man sie von Anfang bis Ende durchliest) sind mit Sätzen gefüllt wie diesen:

»Die 3 Teilbereiche der Gemeinschaftskunde werden nur als Grundkurse unterrichtet. Sie können nicht Fächer der schriftlichen Abiturprüfung sein.

Wählt ein Schüler vom 2. Halbjahr der Jahrgangsstufe 11 an ein Leistungsfach aus dem gesellschaftswissenschaftlichen Aufgabenfeld, so ist er von der Jahrgangsstufe 11/2 ab von der Pflichtbelegung in Gemeinschaftskunde entbunden. Wählt ein Schüler in den Jahrgangsstufen 12/13 ein Grund-

kursfach aus dem gesellschaftswissenschaftlichen Aufgaben-
feld, so werden ihm 4 Grundkurse des gewählten Faches auf
die 6 Pflichtkurse in der Gemeinschaftskunde angerechnet.
Das gewählte Fach aus dem gesellschaftswissenschaftlichen
Aufgabenfeld muß also durch 2 Pflichtgrundkurse aus den
Teilbereichen der Gemeinschaftskunde im Laufe der Jahr-
gangsstufen 11–13 ergänzt werden. Dabei sind besondere
Zuordnungen zu beachten.«

Beim dritten Lesen hat man's verstanden, aber *warum*
und *wozu* das alles so ist, weiß man nicht und – schlimmer noch – man gibt endgültig auf, danach zu fragen.
Durch das damit verbundene Bewertungssystem und
die Wahlfreiheit stellt sich eine absurde Wirkung ein:
eine vollständige Gleichgültigkeit gegenüber den Inhalten, die doch gewählt werden sollten, weil sie dem eigenen Interesse näher stehen! Solange ich eine möglichst
hohe Punktzahl erreiche, ist es gleich, was ich lerne.
Eine »absurde« Wirkung? – Nein: der folgerichtige
Ausdruck einer computergerechten Bildungs-und Le-
bensauffassung, deren eines Symptom der Numerus
clausus ist.
Die Größe der Schulen (und erst recht der Hochschulen) ist pädagogischer Wahnsinn. Wir mißachten damit
elementare Gesetze der Sozialpsychologie und der
Lernpsychologie. Durch die Tatsache, daß es sich um
altershomogene Personengruppen handelt, wird der
Masseneffekt erhöht: die Unterscheidungs- und Selbst-
behauptungsmöglichkeiten werden geringer, die An-
passungszwänge größer.
Die falsche Isolierung der Kinder gegen die Gesellschaft, das gefährliche Alibi für diese, bei irgendeiner

ihrer Veranstaltungen und Maßnahmen auf Kinder Rücksicht zu nehmen, wird durch den Ganztagsbetrieb der Schule bestärkt: was den Kindern helfen will, reichere und wichtigere Erfahrungen zu machen, schmälert die Chancen, daß dies je außerhalb der Schule geschehen könne. Wird auch noch die Schulzeit insgesamt verlängert, dann wird Schule zu einer eigenen Lebensform, deren Prägung man dann in die anderen Lebensbereiche hinüberträgt. Die Verschulung des Lebens – das ist das wahre hidden curriculum, das niemand mehr entlarven kann, der ihm selbst ausgesetzt war.

Der Determinismus, die Konditionierungstechniken, die Vorstellung, alles, was bedeutsam sei, müsse »vermittelt«, abgefragt, als »Lernziel« ausgewiesen, ausgemessen und abgehakt werden – sie gehören zu den Wegbereitern der un-menschlichen Schule, weil sie Fehlerquellen, Zufälle, Besonderheiten, die List der Vernunft nicht zulassen wollen, die eine Einrichtung im anderen Sinne »menschlich« sein lassen. Dies alles löscht das Leben, wie wir es uns gerne vorstellen; es verabsolutiert die Mittel, deren Schule sich bedient, und das Mittel, das Schule sein wollte, und ist darum der eigentliche Grund der Inhumanität.

Ich versuche, hieraus einige bildungspolitische und pädagogische Aufgaben abzuleiten. Sie bilden eine Art Gegenprogramm zu dem verständlichen aber falschen »Kurieren am Symptom«, das man allenthalben betreibt. Ein bildungspolitischer Kongreß einer großen Partei, die die Anpassung des Bildungswesens an die Entwicklungen – die Möglichkeiten und Erfordernisse unserer Zeit – seit über zwanzig Jahren betreibt, kann sich besser als die eifernden Nachzügler erlauben, eine weite Perspektive zu nehmen, den allgemeineren Zusammenhang einzubeziehen, in dem die Bildungseinrichtungen stehen, den tieferen Ursachen nachzugehen, die den Schwierigkeiten zugrunde liegen. Die SPD hat sich in der Vergangenheit bereitgefunden, die unmittelbar notwendigen und beileibe nicht immer beliebten Maßnahmen der Reform zu treffen; ihr kann es nur von Toren als Verrat an dieser Reform ausgelegt werden, wenn sie das neu entwickelte Modell sorgfältig auf die Probe stellt und die Bedingungen seines Funktionierens sichert, bevor sie weiter fortschreitet; sie hat das Fahrzeug umgerüstet – es hat einen guten Sinn, wenn sie jetzt erst einmal die Straßen ausbaut und die Fahrer und die Verkehrsteilnehmer mit ihm vertraut macht, bevor sie ihm weichere Sitzkissen und eine neue Hupe kauft.

Ich bin überzeugt, daß keine Maßnahme zu etwas Gutem führt, die nur die gegenwärtige Panne »in den Griff bekommt«, ohne zu zeigen, wie sich diese Maßnahme auf die Dauer auf den Fortgang der Entwicklungen auswirken wird. Dies gilt insbesondere für die ersten der nun folgenden Aufgaben, die ich darum auch ausführlicher begründe; die anderen können dann – nachdem das Prinzip der »weiteren Perspektive« verständlich geworden ist – kürzer ausfallen.

1. Als einer der Hauptschuldigen an der »Inhumanität« der Schule im gegenwärtigen Augenblick gilt der Numerus clausus, dessen Wirkungen weit nach unten durchschlagen – bis in die Vorschule, wie einige behaupten: wessen fünfjähriges Kind später lesen und

schreiben lerne als die anderen Kinder, beginne sich nervös zu fragen, ob es den Wettlauf zur geforderten Durchschnittsnote nicht schon jetzt verloren habe.

Dieses Beispiel zeigt freilich schon, daß man sich sehr ernst und nüchtern fragen muß, ob alles, was heute dem Numerus clausus angelastet wird, wirklich seine Folge ist und nicht ebenso eine Folge der nicht angenommenen, nicht gewollten oder nicht verkrafteten Reform, Ausdruck – beispielsweise – einer Angst, die immer geblieben war. Viele Eltern haben der menschenfreundlichen Schule nie getraut, weil sie nicht zu der von ihnen erfahrenen Realität paßte. Und für viele Eltern (und Lehrer!) war die in Bildungskasten eingeteilte Welt wenn nicht angenehmer, so doch einfacher zu ertragen. Eine auch nur behauptete Chancengleichheit legt auf einmal bloß, daß man die Chance auch selber ergreifen und etwas aus ihr machen muß. Der »liberalistische« Leistungswettkampf ist die logische Konsequenz der Aufhebung des Bildungsprivilegs; überraschen konnte allenfalls, daß er so erbarmungslos aussehen würde, und selbst das hätte man sich schon vor zwanzig Jahren anhand von Michael Youngs »The Rise of Meritocracy« klarmachen können.[1a] Dort kann man auch lesen, wie es weiter gehen wird: Wenn alle ausgleichbaren Unterschiede in den Voraussetzungen – also das, was wir die gesellschaftliche Chancenungleichheit nennen – aufgehoben sind, werden die unausgleichbaren absolut herrschen: der IQ und andere testbare ererbte Anlagen (mag ihr Anteil an Bildungs- und

---

[1a] Deutsch: Es lebe die Ungleichheit, auf dem Wege zur Mediokratie, Düsseldorf 1961 (Econ).

Sozialschicksal heute noch so gering sein!). Die soziale Mobilität kommt zum Stillstand – bis die sich im Untergrund sammelnden, nicht im Test erfaßten Eigenschaften den Aufstand machen.

»Wenn alle aufsteigen, steigt keiner auf«, wagte ich vor 12 Jahren in einem Buch zu schreiben, das die »Bedingungen der Gesamtschule« analysiert. Es kann eine Umschichtung geben, sogar eine permanente. Permanenter Aufstieg aber bedeutet permanente Verstopfung und Frustration. In anderen Worten, wir brauchen hier ein anderes Bild, ein anderes Orientierungsmodell. Es ist gut, daß der Numerus clausus dies klargemacht hat. Ja, der Numerus clausus hat nicht nur schlimme Folgen, er ist selbst eine schlimme Folge – ein Exponent eines byzantinischen Dranges, alles und jegliches zu verwalten, auch die Chance, die ihrem Charakter nach etwas Offenes, Unverwaltbares ist. Der verwaltete Aufstieg ist ein Monstrum – und deshalb sind die Folgen monströs.

Zwei Reaktionen scheinen mir in dieser Lage gleich falsch zu sein: 1. die Behauptung, man habe bisher den privilegierenden Charakter von Bildung nur verschleiert, indem man die Basis für den individuellen Aufstieg erweiterte; 2. die Behauptung, mehr Abiturienten (und damit potentiell mehr Akademiker) könnten wir nicht gebrauchen, wir hätten deren schon zu viele.

Beide Behauptungen müssen nichts Falsches sagen, sie bewirken etwas Falsches. Die erste bewirkt, daß man das Aufstiegsmodell radikalisiert: aus individueller Möglichkeit müsse ein kollektiver Vorgang, ja Zustand werden. Diese Behauptung hält an dem »privilegierenden Charakter« von Bildung fest, den sie selber bekämpft. Bildung – darin hat sie sicher recht – ist immer mehr als nur Bildung; sie ist nicht nur ein persönliches, ein politisches und ein berufliches Gut – sie legitimiert soziale Unterschiede: höheres Ansehen, höhere Bezahlung, höhere Sicherheit (und *darum* erleiden die Menschen in ihr schon die Gegensätze, Kränkungen, Nöte jener späteren Hierarchie). Aber das liegt nicht an der Bildung selbst – ein Irrtum, der die gegenwärtige Panik erzeugt und der sich in dem Wort vom »privilegierenden Charakter der Bildung« festsetzt: als sei Bildung ein Privileg, höhere Bildung ein höheres Privileg und die höhere Position und Bezahlung ein unmittelbares Ergebnis davon.

Die zweite Behauptung hat die gleiche zum »Aufstieg durch Bildung« antreibende Wirkung, obwohl sie die entgegengesetzte Maßnahme empfiehlt – statt weiterer Öffnung engere Schließung der Bildungseinrichtungen. Je begrenzter die Zahl der akademischen Posten, umso begehrenswerter erscheinen sie. Die von Hildegard Hamm-Brücher so genannte gegenwärtige »Anti-Bildungsstimmung« bedeutet eigentlich eine Aufwertung der Bildung durch deren Verknappung; indem die öffentliche Hand an der Bildung spart, erhöht sie den Preis, den die wenigen einzelnen für sie fordern können. Und dabei ist schon heute das hohe Lohnniveau der Akademiker ein Grund für den Mangel an Planstellen, auf denen man den benötigten und den andrängenden Nachwuchs einsetzen könnte. Verbunden mit der – unbestreitbaren – Feststellung, daß Abiturienten immer noch die besseren Einstellungschancen haben als Real- und Hauptschüler und schon gar als dropouts, führt dies alles nur zu einer festen, unsachlichen Fixie-

106

rung von Bildung auf berufliches Fortkommen und lenkt von der Alternative ab: daß besser, zugleich allgemeiner und spezieller ausgebildet zu werden weder mit Abitur noch mit akademischem Studium identisch sein muß. Und daß solche Bildung eine gesellschaftliche und individuelle Notwendigkeit sein kann – kein »Privileg« sein muß. Diese Alternative wird an den wenigen Stellen, an denen sie erkennbar wird, z. Zt. aus schierer Verschüchterung durch die Statistik gedrosselt: andere Zugänge zum Studium – nach einem Stück Lebenserfahrung[2], über einen praktischen Beruf, über den zweiten und dritten Bildungsweg. Und die Kollegstufe NRW, die die entschlossene Öffnung der Sekundarstufe II vom Gymnasium nach »links« in die Berufsbildung sucht, wird vermutlich sterben, bevor sie geboren ist. Das sog. »Interesse-Studium« ist geradezu verpönt!

Die zynische Verwendung von Schule und Ausbildungsstätten als (vorübergehende) Bewahranstalten (die von den Unternehmerverbänden herausgegebenen Informationen zur beruflichen Bildung sprechen von einer Situation, in der »die Bildungsexpansion weitergehen müßte, um möglichst viele Jungarbeiter vom Beschäftigungssystem fernzuhalten« (15. 3. 76, Reg. Nr. 5, Blatt 14), die plötzliche Bereitschaft, das 10. Schuljahr auszubauen, nachdem man es – vor 18 Jahren vom Deutschen Ausschuß gefordert – als pädagogisches Mittel verschmäht hat, zeigen nur, wie wenig man Bildung als Bildung meint. Und alle spielen dieses faule

---

[2] In Holland steht jedem über 30 die Hochschule offen, ganz gleich, was er für Bildungsabschlüsse hat.

Spiel mit. Wenn es gute Jobs gibt, sind die Schulen wieder leer.

Aber weil das so ist und weil die Bildung der Bedarfsmentalität der Interessengruppen und der Aufstiegsmentalität der Individuen nichts Eigenes entgegensetzt, bricht in ihr abwechselnd der mörderische Wettkampf oder die mörderische Langeweile, die Ereignislosigkeit, die ideologische Selbstzerfleischung aus.

Die sog. Stresserscheinungen sind nicht in erster Linie eine Folge der physischen Überlastung (obwohl die Feststellung, daß 60% der Schüler von Realschulen und Gymnasien mehr als $8^1/_2$ sog. »Leistungsstunden« am Tag verbringen, also mehr als die arbeitende erwachsene Bevölkerung, in sich schlimm genug ist)[3]; sie entspringen vielmehr der damit verbundenen Angst. Diese nimmt, weil die Betroffenen keine Möglichkeit haben, sich von ihr zu befreien, den Charakter einer Neurose an. Die wohlmeinende Empfehlung an die Eltern, als Gegenmittel »zu Hause für eine entspannte Atmosphäre zu sorgen«, das Kind durch ruhiges Anhören zum »Auspacken« zu bewegen, Nachhilfeunterricht einzuführen und sich selbst zu fragen: »Habe ich selbst Angst davor, daß mein Kind die Schule nicht schafft?« – eine Angst, die »ich (dann) auf das Kind übertrage«[4] – dies alles ist ohnmächtige Beschwichtigung des Übels.

Die Aufgabe ist: die in dem Aufstiegssyndrom zusammenlaufenden Vorstellungen und Verhältnisse zu ändern. Die politischen Ansatzpunkte dafür sind:

[3] Nach einer Befragung unter Hamburger Eltern im Auftrag der Zeitschrift Eltern (Februar 1976).

[4] Diese Vorschläge macht die Psychotherapeutin Gisela Schmeer in Bild der Wissenschaft, Aprilheft 1976, S. 104.

– die Entkoppelung von Ausbildung und Berechtigung; der Staat, der ²/₃ der an seinen Hochschulen
  ausgebildeten Akademiker beschäftigt, hat damit
  anzufangen; er muß »Personen mit Eigenschaften«
  einstellen und nicht Diplom-Träger; er muß, weil
  ihm dies nicht über Nacht gelingen wird, wenigstens
  die formalen Eingangsbedingungen auch formal er-
  weitern, die Laufbahnvorschriften lockern; die Bezahlung in eine sinnvolle Proportion zum Bedarf
  bringen und mehr veränderbare und übertragbare
  Funktionsstellen einrichten und weniger Einstellungen auf Lebenszeit vornehmen[5];
– der konsequente Ausbau von Alternativen zur
  »gymnasialen« Karriere, also dessen, was ich das
  Rohde-Programm nenne, wozu freilich gehört:
– die Unterstützung von solchen Einrichtungen und
  Maßnahmen, die das berufsbildende Schulwesen
  und das akademische nicht einander gegenüberstel-
  len und equilibrieren, sondern ihre sachliche Verbin-
  dung, die Aufhebung der zufälligen, historischen
  oder künstlichen institutionellen Grenzen zwischen
  ihnen betreiben;
– die Schaffung von Ausgängen aus den Bildungskorri-

---

[5] Mit der Feststellung des »Bedarfs« kann dann freilich nicht mehr
der Dienstherr allein betraut werden. Es werden sich Änderungen
dieser Art überhaupt nicht ohne tiefere Eingriffe in das Beamten-
recht und die staatlichen Anstellungsbedingungen vornehmen lassen. Automatische Beförderung ist ebenso bedenklich wie ein rei-
nes Karriere-durch-Leistung-System – in einem Sektor der gesellschaftlichen Arbeit, der nicht die Pyramidenform der militärischen
Hierarchie hat und obendrein ungleiche Teilsektoren und höchst
ungleiche Bewährungsmöglichkeiten.

doren; diese sind so sorgfältig zu bedenken und zu fördern wie die Zugänge zu ihnen; die Verstopfung der Einrichtungen kommt zu einem großen Teil daher, daß es nur *einen* Ausgang – den am Ende – gibt, der zu etwas Brauchbarem führt; und schließlich

– die Aufhebung des Numerus clausus bis auf wenige ganz »harte« Bereiche, in denen dies die Zerstörung der Ausbildung (und Forschung) bedeuten würde, wobei auch in diesen Fällen das Verfahren der Zentralstelle für die Vergabe von Studienplätzen (ZVS) durch das Los ersetzt werden müßte. Das Los ist keine gute Lösung, aber es behauptet dies auch nicht; das ist seine Tugend: es hält das Bewußtsein von den ungelösten Problemen wach. Die Schwierigkeiten, die der Hochschule damit zugemutet werden, sehe ich. Und die Studenten werden auch bald merken, einer wie fragwürdigen Beschäftigung sie sich an überfüllten Universitäten hingeben. Aber wenn irgend etwas Drastisches zur Befreiung der Bildung von ihrem »privilegierendem Charakter« geschehen kann, dann hierdurch; die Hochschulen werden dies überleben – die humane Schule dagegen überlebt den zehnjahrelangen totalen Numerus clausus nicht.

2. Der Ausbau der *Berufsschulen,* die generelle Einführung des Berufsgrundbildungsjahres, die Schaffung von *beruflichen Ausbildungsplätzen* – das sind vernünftige Maßnahmen: vorausgesetzt, man sieht, was man dazu braucht und wohin das führt, und redet und handelt entsprechend. Ich halte es für besser, die Jugendlichen befinden sich in einer Ausbildung oder Schule, als daß sie arbeitslos, wehleidig und vandalisch auf ihren Mo-

110

peds herumrasen oder in Spielhöhlen herumhocken und kein Verhältnis zur Gesellschaft und zu den eigenen Möglichkeiten fassen. Aber ich wiederhole, daß durch keinen der heute geschaffenen *Ausbildungs*plätze auch nur ein einziger *Arbeits*platz (außer dem des Ausbilders) geschaffen wird. Das Problem wird nur in der Zeit verschoben – *wenn* nicht die Inhalte der Ausbildung und der Schulen sich mitändern: die Kenntnisse und Fertigkeiten müssen vielseitig anwendbar, also zugleich formaler und praktischer sein, ein Wechsel des Ausbildungsschwerpunktes und des Berufes muß eine normale Möglichkeit werden, die Grunderfahrung sollte darin bestehen, daß *ich* verantwortlich bin für das, was ich tun *kann,* während heutiges Schulgebaren noch immer ist: lernen was man *muß* und andere haben dies bereitzustellen.Es wird immer wieder auf die Chance hingewiesen, im Ausland zu arbeiten – in solchen Ländern, deren know how unter, deren Bedarf über dem unseren liegt; da werden Handwerker, Techniker, Kaufleute, Pflegepersonal, Erzieher gebraucht. Aber eine Ausbildung hierfür muß anders sein als in einem unserer Großbetriebe, den man nicht mitnehmen kann, und einem Kleinbetrieb, der die veränderten Anwendungssituationen nicht zu simulieren vermag. Die Erziehungswissenschaften, die für die Lehrerbildung, die Didaktik, die allgemeinen pädagogischen Verhältnisse und Einrichtungen zuständigen Disziplinen haben nicht einmal hier im eigenen Land einleuchtende, ihren Wert demonstrierende Inhalte für das 10. Schuljahr durchsetzen können, und der vielbeklagte Zustand der Berufsschule, ihr permanenter Lehrermangel zeigen, wie schlecht wir auf die Erweiterung dieses Bereiches vorbereitet sind. Ist der Ausbildungsplatz nur ein Mittel, die Ziffer der Jugendarbeitslosigkeit zu drücken, sind die Ausbildungsgänge nicht in sich sinnvoll und über sich hinaus nutzbar, dann werden die Jugendlichen davonlaufen oder den Betrieb sabotieren.

Die Aufgaben sind:

– die Entwicklung einer anderen Arbeitspolitik auf eine neue Verteilung des Gutes Arbeit hin, so daß die verschiedenen damit verbundenen Bedürfnisse befriedigt werden und nicht nur das eine: die Familie zu ernähren. Arbeit ist einstweilen die wichtigste Möglichkeit des Menschen, seinen Wert für die anderen und dadurch für sich zu erfahren. Jugendliche müssen sich diese Möglichkeit erwerben, alte Leute sie sich bewahren können; der britische Nationalökonom Robert Theobald hat vor über 10 Jahren die Theorie für ein garantiertes (Minimal-)Einkommen (wenn man so will: eine »Lebensrente«) entworfen und die Folgen durchgerechnet. Man wird sich auch bei uns damit beschäftigen müssen[6];

– die Beschaffung neuer Ausbildungsplätze muß von einem Forschungsprogramm eigener Art begleitet werden: ganz nah an der Realität und zugleich ganz frei von den Interessengruppen – und zwar beider Seiten, sofern sie organisiert sind. Es geht hier um den Versuch, die langfristigen Bedürfnisse und Möglichkeiten zu erkennen und zu berücksichtigen. Mit ihnen ist in Zeiten der Not schlecht Verbandspolitik zu machen;

[6] Robert Theobald (ed.): The Guaranteed Income, Garden City, New York, 1965 (Doubleday Anchorbook).

– Schulen und Ausbildungsgänge sind nur dort zu verlängern, wo eine deutliche und begründete Aufgabe hierfür angegeben werden kann.

3. Die *Chancenungleichheit* besteht in unserer Gesellschaft hartnäckig fort. Nach allem, was wir wissen, ist Skepsis angebracht gegenüber den Erwartungen, die *Schule* werde das prinzipiell ändern können. Bei etwas so Ungenauem, in der Zukunft Liegendem, von der Schule stets über die Vorstellung der anderen Abhängigem müßte man skeptisch sein, ganz gleich, wie die Schule aussieht, der sie gilt. Aber die Ungleichheit der an den Schulen bestehenden Verhältnisse kann und muß man ändern. Daß die Hauptschule, die noch immer von der Hälfte aller Jugendlichen besucht wird, noch immer die geringsten Zuwendungen je Schüler erhält, daß sie noch immer die größten Klassengrößen (im Bundesdurchschnitt eine Lehrer-Schüler-Relation von 1:28,6 gegenüber 1:12 auf der gymnasialen Oberstufe), die kürzeste Dauer und den Lehrer mit dem geringsten Studienaufwand hat – das müßte nicht sein. Wäre dies anders, die Hauptschule hätte vermutlich auch nicht die verheerende dropout- und Versager-Quote von z. Zt. rund einem Viertel im letzten Schuljahr.

Die Tatsache, daß ein Abiturient mehr gilt, auch wenn er für die Arbeiten, für die er heute statt eines Hauptschülers eingestellt wird, nicht mehr taugt als jener, liegt daran, daß die Abnehmer keine Maßstäbe für ihren tatsächlichen Anspruch haben und dafür die an der Schule versessene Zeit substituieren, daß Hauptschüler eine andere Lebensart repräsentieren (sie zeigen weniger Ehrgeiz, weniger Respekt vor Hierarchien, größere Direktheit des materiellen Anspruchs) *und* daß sie von vornherein aus dem gesellschaftlichen Abseits kommen.

Die Aufgaben sind:

- die Hauptschulen zunächst aus diesem äußerlichen Abseits herauszuholen durch eine gleich gute materielle und personelle Ausstattung;
- die Hauptschulen und die an sie anschließenden Berufsschulen mit anderen, der Klientel entsprechenden Inhalten und Lernformen zu versehen (an der Bielefelder Laborschule wird mit solchen Inhalten experimentiert; dazu gehört, daß Sport und Werken, Technik und die hier-und-jetzt Probleme der Kinder so wichtig sind wie das Latein, das es jedoch auch für sie geben muß in einer für sie motivierenden und erlernbaren Form);
- die Experimente, die mit der Aufnahme von Hauptschülern in die Sekundarstufe II gemacht werden, konsequent zu fördern;
- entsprechende Experimente mit berufsbildenden Zweigen an der Sekundarstufe II der Gymnasien einbringen (eine Kombination von Lehrlingsausbildung und Vorbereitung auf das Abitur, wie es sie an bestimmten deutschen Landerziehungsheimen seit Jahrzehnten gibt);
- die Gesamtschule nicht im Stich zu lassen, die jetzt erst allmählich in ihre Bewährungsphase eintritt; sie wäre im Stich gelassen, wenn ihr zugemutet würde die Selektion im Innern vorzunehmen, die sonst *zwischen* den Schularten vor sich geht; heute hat sie noch die größte Zahl von angstfreien Kindern; damit

wäre es dann doppelt zu Ende: weil sich die Formen und Maßstäbe der Auslese verwischt haben und die Unsicherheit, ob man nicht schon ein Opfer des cooling out geworden ist, sich in dem Maß vergrößert.

4. Von allen Faktoren, die Unsicherheit, Angst, das Gefühl, nicht mehr Person zu sein und als solche gemeint, behandelt, verstanden zu werden, erzeugen, ist die *Größe der Lebenseinheit* die wirksamste. Diese Wahrnehmung wird die Forschung und die Politik in den nächsten Jahrzehnten stark beschäftigen. Die »Grenzen des Wachstums« gelten für nichts so sehr wie für den Lebensbereich, den einzelne Menschen mit Vorstellung, Sinn, Verantwortungs- und Zugehörigkeitsgefühl erfüllen können. Das Maß der Bielefelder Laborschule und des Oberstufen-Kollegs war (gegen andere wichtige Ansprüche z. B. auf ein breites Angebot, die Möglichkeit extensiver Differenzierung, ökonomischer Nutzung der Anlagen): alle Lehrer sollten noch um einen Tisch herumsitzen können, sich über die Kinder unterhalten (die sie kennen müssen) und gemeinsam für einen unteilbaren Erziehungsprozeß Verantwortung tragen. Daß unsere heutigen Schulen diese menschliche Größe meist weit überschritten haben, hat die früher berührten Gründe. Nichts hindert uns, sie heute zu unterteilen und Einheiten zu bilden, die in sich relativ geschlossen sind. Dies ist technisch fast immer möglich und hängt allein davon ab, wieviel mehr den Ministerien und Schulbehörden an einer rationalen und wirksamen Verwaltung als an der richtigen Pädagogik liegt.

Wichtiger als die Größe der Schule ist die Größe der Gruppe, in der das Kind lebt, also meist die, in der auch der Unterricht stattfindet. Die Lehrer-Schüler-Relation ist im Laufe der letzten zehn Jahre allgemein besser geworden, aber allein die Richtwerte, von der Klassenzimmer-Wirklichkeit ganz zu schweigen sind noch immer ungeheuerlich: für Grundschulen 1:30, für die Gymnasiale Oberstufe 1:12. Das Prinzip, je kleiner die Kinder, umso größer können die Klassen sein, ist absurd. Ebenso das Prinzip: je weniger akademisch der Unterricht, umso mehr Schüler kann man hineinpakken. In Bielefeld haben wir beide Prinzipien umgekehrt.

Die Aufgaben sind:

– zwischen der Kleinfamilie (3 bis 5 Personen), aus denen das Kind kommt, und den Großstrukturen, in denen wir insgesamt leben, vermitteln und zwar durch eine deutliche Stufung von kleinen zu größeren Gruppen, von einfachen zu komplexen Ordnungen, von wenigen zu vielen Beziehungen, von festen Gegebenheiten zu immer mehr Optionen – so daß die Schüler die größere Offenheit selbständig zu bewältigen lernen; wer immer in der Idylle lebt oder im vorgeordneten Großverband, wird ein Opfer oder ein Funktionär der anonymen Systeme;

– die Bedürfnisse der Verwaltung nach zentraler Kontrolle, normierter Beschaffung und überschaubaren Akten zurückdrängen zugunsten von überschaubaren Lebensverhältnissen, also kleineren Einheiten mit eigenem Willen, eigener Verantwortung: Identität;

– für Schulen geeignete Formen der Autonomie ent-

116

wickeln – das ist nicht minder wichtig als vernünftig proportionierte Gebäude und kindernahe Curricula; – den schon begonnenen, durch Hinweise auf den Pillenknick begründeten Personalabbau im Bildungswesen stoppen; man sollte es für ein Glück im Unglück halten, daß der Schülerberg die Ausweitung der Stellenpläne erzwungen hat; wenn er eines Tages schwindet, wird die Personalstruktur gerade so sein, wie man sie pädagogisch braucht.

5. Zur Vermenschlichung der Schule gehört nach der angemessenen Größe bzw. Kleinheit die – ich möchte sagen – *natürliche Gemischtheit der Personen* und Vorgänge. Wir haben mit der Mammutschule am Stadtrand ungewollt ein Getto geschaffen, eine sozial-psychologisch ungesunde Homogenität der Kinder und Jugendlichen, obendrein nach Altersgruppen, nein Jahrgängen sortiert. Gottlob gibt es – wenigstens an den Grund- und Hauptschulen – inzwischen einige Gastarbeiterkinder. An der Bielefelder Laborschule wird eine sinnvolle soziale Mischung eigens durch einen differenzierten sozialen Aufnahmeschlüssel garantiert. Außerdem bringt dort der Großraum und die Tatsache, daß die Lehrer in diesem ihre Arbeitsplätze haben, an denen sie ihre nicht-unterrichtliche Arbeitszeit unabgeschlossen vor den Kindern verbringen, eine zwar auch anstrengende, aber pädagogisch höchst befriedigende Mischung unterschiedlicher Lebensformen mit sich: Kinder sehen, was Erwachsene tun, wenn sie arbeiten (und nicht erziehen), und Erwachsene erleben den Kinderalltag bis in die trivialsten und merkwürdigsten Einzelheiten hinein mit. Die Kinder nehmen an den Konferenzen teil,

117

interessiert vom einen zum anderen Redner blickend, und gehen nach einiger Zeit mit gesättigter Neugier davon, wenn sie sich nicht an der Diskussion beteiligen. Das Leben und Lernen der 5-bis 7jährigen ist nicht nach Jahrgängen eingeteilt, und später wieder bei den 13- bis 16jährigen ist der Wahlunterricht – gut ein Viertel der Unterrichtszeit – jahrgangsübergreifend organisiert. Es ist wichtig, daß man nicht nur den Lehrer mit seinem natürlicherweise größeren Wissen und Können kennt, sondern auch Schüler, die nur ganz wenig älter sind als man selbst und gleichwohl auch schon X verstehen und Y können (dann wird es mir gewiß auch gelingen!); umgekehrt ist es gut, daß es Jüngere gibt, denen ich erklären kann, was ich schon weiß. Diese Bestätigung hilft dem Lernen.

Die soziale Sterilität der wohlausgebildeten und wohlausgesuchten Lehrerschaft, in der es keine Raufbolde, Querköpfe, Exoten mehr gibt, macht mancher amerikanischer Sozialforscher – unter anderem – für den Hang der Jugendlichen zu Haschisch, Rockertum, Erweckungsbewegungen und anderen Absonderlichkeiten verantwortlich[7], eine nachdenklich stimmende These.

Die Aufgaben sind:
– von der immer perfekteren, unnatürlichen und unpädagogischen Rationalisierung der Schulgemeinschaft fortkommen, die eher an eine Armee des 18. Jahrhunderts als an einen Ausschnitt aus der liberalen und pluralen Gesellschaft des 20. erinnert (selbst

[7] Vgl. Edward Wynne: Aufwachsen und Erwachsenwerden, in Neue Sammlung, Hefte 6/1975 und Heft 1/1976.

Fabriken haben heute ein bunteres Innenleben als Schulen);
- die Mauer zwischen Schule und Umwelt durchbrechen, indem man die Eltern mehr an ihrem Alltag beteiligt oder selber öfter hinausgeht; neue Schulen müßten dem durch Lage und Anlage Rechnung zu tragen suchen;
- die Mauer zwischen den Erwachsenen und Kindern einreißen, vornehmlich indem Schulen zu einem Lebensort gemacht werden (an dem die Lehrer auch arbeiten können); sie müssen folglich in der unterrichtsfreien Zeit offenstehen und viel »Unschulisches« in sich aufzunehmen bereit sein; auf diese Weise können Kinder zu einem »Sozialisationsfaktor« für die Erwachsenen werden, statt immer nur umgekehrt;
- den Lehrer auf seinen Beruf anders vorbereiten, ihn wieder auch zum Erzieher erziehen, ihn »entprofessionalisieren«, den Laien beteiligen;
- beim Bau der Schulen weniger auf ästhetische Perfektion achten als auf Strapazierbarkeit, Vielseitigkeit der Verwendung und Veränderbarkeit; Sachen, Aufgaben, der Ernstfall müssen in ihnen vorkommen können – sie richten allemal mehr aus als Belehrung und Disziplinierung; Makarenkos Lebens- und Arbeitskollektiv werden wir in unseren Großstadtschulen zwar nie haben, aber etwas weniger Schreib- und Studierbüro könnten sie doch werden;
- auch den politischen Ernstfall zulassen; nicht der kommunistische Lehrer ist eine Gefahr für die Einstellung der Schüler zur Demokratie, sondern wenn er allein zur Politik redet und die anderen schweigen

119

und ihre Ideale damit politisch unglaubwürdig werden; die Farblosigkeit der »Verfassungstreuen« und das administrative Klima, in dem auch schulinterne Politik nur als Streit zwischen Personen und als Störung aufkommen kann – das sind die Probleme! Kommunistische Lehrer sind im übrigen – wie Nazis – gefährlicher, wenn sie sich tarnen (müssen);

– die Mitsprache der Schüler nicht als den »politischen Ernstfall« ausgeben, der sie nicht sein kann; dazu ist der Vorsprung der Lehrer zu groß, und diese wären selber unpolitisch, wenn sie ihn nicht nutzten; als Erfahrung, Gestaltung, allmähliche Erweiterung der eigenen Wirkungsmöglichkeiten und Interessen ist sie sinnvoll, ja als Wahrnehmung von solchem »Sinn«; dabei sind die Formen und Mittel der Beteiligung so wichtig wie der Stil – und die enger gefaßten Rechte (Verfügung über Geld, Raum, Zeit, Vervielfältigungsapparate etc.) oft wirkungsreicher als die weiter gefaßten (Beteiligung bei der Festlegung von Zensuren, der Curriculumplanung, der Einstellung von Lehrern – Mitverantwortungen, die eher Mitschuld bedeuten als wirkliche Chancen).

humane Schule? – was?

6. Ich habe anfangs gesagt, die Schule habe eine neue Funktion, seit sie eine nicht mehr entbehrliche, eine unentrinnbare Lebensform geworden ist. Das verpflichtet sie auch, menschlich – aushaltbar, bekömmlich, den physischen, psychischen und sozialen Bedürfnissen der jeweiligen Generation angemessen – zu sein. Die heutigen Kinder sind anders als andere vor ihnen. Die an unverarbeiteten Eindrücken reiche, an Halt, Begründung, verstandener und verantworteter Ord-

nung arme und vor allem unruhige, friedlose Welt hat ein Bedürfnis nach *Verläßlichkeit* in den Kindern aufkommen lassen, das alle anderen Bedürfnisse übertrifft. Vor 10 Jahren brauchten sie anderes, mußten sie die Erfahrung der nicht-heilen Welt machen, Konflikten ins Auge sehen lernen und wahrnehmen, daß Erwachsene erschütterbar sind und daß das ihren Wert nicht mindert. Erwachsene, zumal Lehrer, müssen heute in erster Linie standhalten, sie müssen den Charakter einer Wand haben, wie eine meiner Kolleginnen sagt, etwas, das schützt, das immer da ist, an das man sich anlehnen kann. Wir haben – nicht aus lauter Fortschrittsduselei, sondern meist aus Ehrlichkeit – den Kindern eine zu offene Welt zugemutet. Von den klassischen Mitteln der Pädagogik – Vorbild sein, den Kindern Spielraum für trial and error und Selbstverantwortung geben und aufklärende Belehrung – machen wir nur vom letzteren Gebrauch (auch das halbherzig, weil wir uns fürchten, »dominant« zu sein; trial and error dagegen haben wir sit venia verbo curricularisiert und damit aufgehoben). Wir müssen die Überforderung der Kinder durch das nicht durchschaubare Geschehen insgesamt, durch die scheinbare Automatik von Ordnung und Katastrophe, durch die Grenzenlosigkeit der Verantwortung erkennen und ihr mit pädagogischen Mitteln begegnen. Und weil es leider nicht selbstverständlich ist, weil gerade die Eltern oft gerne alles auf die Schule schieben, sei hier gesagt: Die »Humanisierung« der Pädagogik hat in der Familie zu beginnen und sich nach der Schule und außerhalb der Schule fortzusetzen: auch die Familie ist nicht schon als solche human, nichtentfremdet; auch in ihr hat der eine für den anderen keine Zeit, herrschen die Dinge über die persönlichen Beziehungen, das Fernsehen über das Gespräch, die Aufstiegsvorstellung oder die Abstiegsangst über das spontane Gefühl, die Rücksicht auf den Nachbarn, die Lage im 17. Stock über die natürlichen Bedürfnisse des Kindes nach Bewegung, Abenteuer, Organischem.

Die Aufgaben für die Schule sind:

- wenige aber feste Ordnungen in das amorphe Lebensfeld der Kinder einziehen – Ordnungen, an denen sie sich orientieren und von denen aus sie ihre Freiheit wagen können; dazu gehört, *R*egeln finden lassen, nach denen alle Mitglieder der Gemeinschaft handeln, so daß man sich darauf verlassen kann; *R*outine, ja Rituale einführen, die einen davon entlasten, die Welt ständig durch eigene moralische Entscheidung neu zu ordnen; *R*eviere bilden, die die Verantwortung der Kinder auf etwas Bestimmtes begrenzen, so daß sie sie im Ernst und nicht nur zum Schein wahrnehmen lernen; und zu diesen drei *R* hinzu: Vorbild sein, als Erwachsener selber tun, was man getan sehen will;

- den Anteil freiwilliger Tätigkeiten an den Schulen stark vermehren;

- die Möglichkeit selbständiger Unternehmen der Schüler ausbauen;

- über den heute überall ausfallenden Unterricht nicht unglücklich sein (und bei solcher Lehrerknappheit gleichzeitig die Schulzeit verlängern wollen!), vielmehr den Kindern Gelegenheit einräumen, mit der für sie »gewonnenen« (und nicht verlorenen) Zeit etwas Sinnvolles anzufangen; unsere Korridor-und-Klassenraum-Schulen mit dem Bohnerwachsgeruch

und den strengen Hausordnungen sind dazu denkbar ungeeignet;
- die Inhalte, die Anschauung und die Übungsformen getrost mehr an dem ausrichten, was in der Welt praktisch gebraucht wird und sie dadurch gleichwohl nicht den Abnehmern ausliefern; James B. Conant hat die pädagogische Ketzerei von den »marketable skills« für die Schulen sowohl in Slums wie in Suburbs erfunden und dabei sicher nicht gemeint, daß er die allgemeine, zu Kritik und Genuß befähigende Bildung darüber preisgebe.

7. »Wehe der Schule, die prüfend lehren muß!«, schrieb Friedrich August Wolf, der Begründer der selbständigen wissenschaftlichen Ausbildung des (Gymnasial-) Lehrers. Daß die Schule prüfend lehrt, daß die Schüler lernen, was (und weil) geprüft wird, macht die Schule nicht notwendig »inhuman« (wieder diese Übertreibung!), aber es zerstört einen Teil der Bildung, die sie hervorbringt. Wird die Prüfung zum alles beherrschenden Zweck, dann scheint mir allein schon die Tatsache, daß die Kindheit auf ein stets bevorstehendes und nicht gegenwärtiges, ein künstlich arrangiertes und die Lebensbedürfnisse und -möglichkeiten des Kindes nicht berührendes, ein ihm nicht verständliches, unbegründetes, unkindliches Ereignis hin verbracht wird, unmenschlich – ganz abgesehen von der Angst, den Ungerechtigkeiten, den Verzerrungen (menschlicher Beziehungen wie sachlicher Leistungen), die die Prüfung begleiten.
Wenn Lernen an Prüfungen gebunden ist und gesellschaftliche Funktionen aufgrund von Prüfungen zuge-

teilt werden, dann mündet die Bildung notwendig in den französischen oder brasilianischen Formen zentral administrierter und standardisierter Concours. Bildung, die die Vorbereitung von Individuen auf ein eigenes Leben sein will, endet in einem Fußballstadion mit Tausenden von ausgerichteten Einzeltischen in 3 m Abstand zueinander, zwischen denen eine Kompanie Wach-Lehrer patrouilliert. Diese Examens-Olympiade wird täglich in jeder Schulstunde im kleinen vorbereitet. Die Schulen rechnen mit einem intellektuellen Faustkämpfer und schlauen Betrüger – um ihm aufgrund einer sehr engen Auslegung geistiger Leistung die »Reife« für die Führungsberufe in der Nation auszusprechen. Nicht erst der Numerus clausus hat dies hervorgebracht, und dies wird auch nicht mit ihm wieder verschwinden.

Wer heute erstaunt ist über die Untersuchungsergebnisse aus England (von Neville Bennett): daß »formal teaching« mehr erreicht als »informal teaching«, muß von sehr merkwürdigen Vorstellungen verführt worden sein – Orthographie und Bruchrechnen würden von Kindern ganz nebenbei, anstrengungslos und freiwillig gelernt, wenn man diese nur mit Anregung umgibt, sie vor Angst bewahrt, sie gewähren läßt. Kein ernstzunehmender Pädagoge hat dies meines Wissens je behauptet. Einige von ihnen freilich haben die Wichtigkeit jener Lehrgegenstände bezweifelt oder daß sie just in diesem Alter und mit abschließender Perfektion gelernt werden müßten. Wenn man sie jedoch lernen läßt – und dafür gibt es viele gute Gründe – dann sind Übung, Training, ja sogar Drill sicherlich nützlich, wenn nicht unentbehrlich. Aber *das* ist kein Einwand gegen die

»freie«, um nicht zu sagen »progressive« Schule! Diese will so viel stumpfsinnige, erzwungene, widerwillig geleistete Übung wie möglich durch geistvolle, selbstmotivierte, kooperative Übung ersetzen – nicht die Übung, das formal teaching insgesamt abschaffen. Und damit hat sie sich die schwerere Aufgabe gesetzt. Sie will Bruchrechnen *und* Spaß am Lernen, Orthographie *und* Selbstbestimmung, ordentliches Schreiben *und* Neugier für die Sache erreichen. In den vergleichenden Untersuchungen wird immer nur das erstere »gemessen«, das zweite ist ihren Instrumenten unzugänglich.

Die Aufgaben sind:
– die Erfindung und Entwicklung von gemischten Lernsystemen, in denen eine anregende, herausfordernde Aufgabe gelöst, die Mittel der Lösung verstanden und geübt und die dabei erworbenen Kenntnisse und Fähigkeiten auf die Probe gestellt werden – und keines dieser didaktischen Elemente dem anderen zum Opfer gebracht, keines verabsolutiert wird;
– systematische Experimente und Vergleiche mit dem Fortfall der Zensuren und Versetzungen in der Grundschule wie in einigen Fächern, deren Sinn es unter keinen Umständen sein kann, die »Leistungen« des einen Schülers an denen der anderen oder an einem abstrakten Mittel zu messen: Sport, die Künste, Religion; das Bewußtsein, daß diese Fächer darum nicht weniger wichtig sind als die anderen, muß man mit anderen Mitteln schaffen;
– das »Ehrlichmachen« der Prüfungen bei den größeren Schülern und Studenten; daß alle (auch die Lehrenden) auf die akkumulierbaren »Leistungsnach-

125

weise« ausweichen und ihre Leistungsfähigkeit insgesamt nicht mehr auf die Probe stellen, wird uns einen Staat von Termiten bescheren – und die Prüfungen werden darum doch nicht verschwinden, sie werden nur an anderer Stelle, z. B. bei der Einstellung in den Beruf und dann ohne öffentliche Kontrolle vor sich gehen;

– die Preisgabe der trügerischen Präzision und der behaupteten Objektivität der allgemeinen Zensurenverwaltung, die Beschränkung der Prüfung auf das tatsächlich Prüfbare und ihre Ergänzung durch andere Formen der Bewährung, der Orientierung und der Selbsteinschätzung;

– Wachsamkeit gegenüber allen normativen Festlegungen, selbst solchen, die zunächst der Humanisierung dienen; es ist wichtig, daß der Erzieher Herr seines Verfahrens bleibt und nie ausschließlich einer Schablone folgt, mag diese wissenschaftlich noch so begründet sein; wenn beispielsweise errechnet wird, daß 6jährige sich nur 15 Minuten, 8- bis 10jährige nur 20 Minuten, 12- bis 14jährige nur 30 Minuten hintereinander konzentrieren können, dann dient das zunächst der Eindämmung überlastender Forderungen; aber auf dem Wege administrativer Verallgemeinerung könnte daraus ein neues Zwangs- und Normsystem werden: die Einheiten *dürfen* dann nicht länger sein, aber sie *müssen* auch so lang sein – und beides kann wichtige Möglichkeiten zerstören, kann törichten oder faulen Gewohnheiten dienen, wie es das generelle Verbot von Hausaufgaben an manchen Schulen tut. Wichtig ist, daß der Lehrende die allgemeinen Grenzen der Belastbarkeit von Kindern kennt und seine Aufmerksamkeit nicht durch generelle Vorgaben ablösen läßt.

8. Das größte Stück Humanisierung freilich bleibt die Schule den *Lehrern* schuldig, auf die mit allem, was ich gesagt habe, neue Forderungen zu den schon zu vielen alten niederzugehen scheinen. »Scheinen« – denn (recht verstanden) habe ich versucht, die Lehrer zu entlasten, habe ihnen mehr Gelassenheit und weniger Perfektion, mehr Spaß und weniger schlechtes Gewissen an ihrem Beruf zugedacht.

Auch bei den Lehrern überwältigen die Lebensprobleme die anderen Probleme, die man für ihre beruflichen hält. Von den Kindern gebraucht und womöglich geliebt werden, von den Kollegen verstanden und unterstützt, von den Eltern, Behörden, der Öffentlichkeit anerkannt – das tut ihnen not. Ihre englische Grammatik und ihre Sozialkunde können sie allemal gut genug, wenn sie nur als Personen bestehen! Wie aber gelingt ihnen das?

Man kann hier viele hilfreiche äußere Bedingungen aufzählen: Zeit haben und angemessen bezahlt werden, außer kindlich mit Kindern auch erwachsen mit Erwachsenen und wissenschaftlich mit Sachen umgehen dürfen, die eigene Berufswelt selbständig mitbestimmen können etc. Das kann man für sie einrichten. Was man nicht kann, ist, ihnen das Gefühl geben, daß dies alles Sinn hat und nicht dem Teufel dient.

Ein Freund fragte mich neulich, was nach meiner Meinung schuld daran sei, daß gegenwärtig so viele Dinge in dieser Welt auf so ähnliche Weise schief gehen – woher es komme, daß die Probleme schneller anwachsen als die Hoffnungen oder gar die Lösungen. Er dachte dabei an eine Antwort in der Größenordnung der christlichen von der Erbsünde, der marxistischen von der Ausbeutung, der sich nicht erfüllenden Fortschrittstheorie eines Buckminster Fuller oder der sich erfüllenden Rückschrittstheorie eines Ivan Illich.

Meine zögernde Antwort war: wir leiden an der Koinzidenz der nicht verarbeiteten Säkularisierung mit den versachlichten und maßlos gewordenen Lebensformen der Industriegesellschaft. Dies erzeugt ein Sinn-Vakuum, das der Mensch nicht füllen kann, während er gleichzeitig für jeden Un-Sinn in dieser Welt verantwortlich ist. Lehrer, die von Berufs wegen an der Zukunft bauen, die den Kindern die Welt deuten sollen, wie sie ist, damit sie die Zukunft würdig bestehen, können das auf einmal nicht mehr. Die bloß menschliche Welt human zu machen, ist schwerer als die von Gott oder Göttern verantwortete. Wer über die Inhumanität der Schule klagt, muß wissen, daß er auch darüber klagt und daß *daran* nichts zu ändern ist.

Ich habe vorhin davon gesprochen, daß die Kinder unfähig seien zu trauen. Ich kehre am Ende zu A. Mitscherlichs Formulierung zurück und stelle fest: die Kinder sind auch unfähig zu trauern. Sie schreien laut auf, wenn ihnen Unrecht geschieht, ihnen etwas zerstört oder weggenommen oder versagt wird. Aber sie finden sich erschreckend schnell damit ab. Was sie als Verlust oder Unrecht beklagen, ist ein fast lustvoller Anlaß für eine kurze Selbstwahrnehmung im Selbstmitleid: sie erfahren ihr Ich eher als Opfer von Untaten anderer denn als Subjekt eigener Wohltat. Sachen und Rechte haben für sie keinen Wert in sich: sie sind Wertmesser für die Geltung, die Wichtigkeit oder Unwichtigkeit der

128

eigenen Person. Daß den Kindern dies zum größten Lebensproblem geworden ist, ist natürlich und erklärt zugleich etwas Allgemeineres. Auch an den Erwachsenen erlebt ein Kind vornehmlich dies: daß sie Forderungen erheben und einklagen und wie sie ihren Teil eines ihnen zustehenden Gutes zu erobern suchen. Nicht beteiligt an der Herstellung von Sinn, sondern allenfalls an dessen Verwaltung, präokkupiert mit der Herstellung von Sachen, die nicht oder nur momentan befriedigen, eingespannt in Abläufe, die sie nicht verändern können, beuten die Menschen das Gemeingut aus. Nicht durch die Besitzstrukturen sind wir eine Ausbeutergesellschaft, sondern durch einen Mangel an Sinn von klein auf. Wo Sinn nicht die Erfüllung eines verständlichen, mich überschreitenden Zweckes ist, kann er nur in zweierlei bestehen – dem Abwenden einer Not, eines Schmerzes, einer Bedrohung oder in der Liebe: indem Menschen füreinander not-wendig sind. Die Schule als Einrichtung verfügt über beides nicht. Nur wer das weiß, kann in ihr den Kindern helfen.

Epilog

Es ist üblich geworden, davon zu sprechen, daß die Reformen gescheitert seien, und noch bevor man Zeit gehabt hat, zurückzufragen, welche Reformen eigentlich und was denn »scheitern« bedeute, haben alle anderen schon zugestimmt. Vorneweg diejenigen, die die Reformen erdacht, ins Werk gesetzt und bisher durchgetragen haben. Sie scheinen erleichtert zu sein. Das Scheitern nimmt ihnen die übergroße Last ab in einem am Erfolg ermüdeten, um Arbeitsplätze bangenden, von soviel Ungeplantem irritierten Lande, in dem Reform organisierbar sein muß und nicht, wie sie es nun einmal tut, sich krumm und quer und langsam entwickelt.

Ist dieses Büchlein, sind diese Vorträge nun Hentigs gesammelter Beitrag zu dieser Resignation? Ich habe in den voraufgehenden Vorträgen von den Schwierigkeiten gesprochen, die Lehrer heute an Schulen haben und die mich – durch die Neuheit und Intensität der Vorkommnisse – zu der Hypothese veranlassen: Die Verhältnisse, unter denen Kinder heute bei uns groß werden, haben sie in einem solchen Maß verändert, daß auch die reformierte (und schon gar: die sich reformierende) Schule ihnen nicht helfe; und weil wir die Kinder (und die Verhältnisse) nicht so schnell ändern können, müssen wir noch einmal die Einrichtung, die Schule ändern.

Dies hört niemand gern – zumal ich nicht sage: Kehrt zurück, von wo ihr kamt (was gar nicht geht und wenn es ginge, niemanden in größere Verlegenheit brächte als die Konservativen, die dies fordern!). Niemand wird so schnell dogmatisch wie diejenigen, die die Welt verbessern wollen. Eben hatten sie noch die größte Not mit dem Starrsinn der anderen, jetzt werden sie selber starr: es darf nur so geändert werden, wie sie es vorgesehen hatten, und soviel und mit den Zielen. Und das »Wir haben's ja immer gesagt« der anderen gibt ihrem Kleinmut politisch recht.

Wie werden sich die einen, wie die anderen zu Mitteilungen und Zumutungen dieser Schrift verhalten? Und: Soll man als Autor überhaupt danach fragen?

Daß ich auf eigene Erfahrungen in der eigenen Schule zurückgreife und diese ohne den Schutz einer etablierten Theorie, ohne Beschönigung, ohne erklärende und stützende Darstellung der Absichten, institutionelle Gegebenheiten, Verfahren jener Schule beschrieben habe, hat in der Öffentlichkeit alsbald heftige Reaktionen ausgelöst.

Die einen frohlockten oder spendeten Mitleid:

»Modellversuch endete kläglich in Anarchie; »Das Experiment ist gescheitert: Schule kann Kindern nicht helfen«; »Hentig hat eine Bilanz gezogen, die auf den ersten Blick wie eine totale Bankrotterklärung der gesamten Bildungs- und Schulreform anmutet«; ». . . ein tragischer Irrweg«; ». . . der fast verzweifelte Pädagoge«; ». . . nur ein Mosaikstein im Gesamtfiasko moderner Pädagogik und Erziehung«

bis hin zu der Anfrage beim Herausgeber der Monatsschrift, in der der eine Vortrag zuerst erschienen ist:

»Müßte ein Mann wie Hentig nicht sofort aus seinem Amt entfernt werden? Müßte ein Institut wie das in Bielefeld nicht sofort von staatswegen geschlossen werden?«

Die anderen klagten, ich hätte die Reform verraten, sei – wie soviele Liberale – von der großen Ebbe um- und zurückgerissen worden; ich mache den Lehrern in den Gesamtschulen das Weiterarbeiten schwer; ich liefere der Reaktion die Argumente für ihre ohnedies schon so siegreichen Verdammungsurteile; ich hätte, wenn dies denn die leidige Wahrheit sei, sie nicht öffentlich sagen sollen.

Wer mir schließlich wohl will, interpretiert und ergänzt: Man müsse den Adressaten sehen – die Deutsche Vereinigung für Kinder und Jugendpsychiatrie und die Deutsche Gesellschaft für Sozialmedizin – und deren ärztliches Interesse berücksichtigen; sodann habe Hentig das Ganze oder das einzelne anders gemeint. Wenn er beispielsweise sage: die Angst der Lehrer nehme zu in dem Maß, in dem die Angst der Kinder abnehme, dann weise er auf eine Koinzidenz hin, die in der Tat unsere Lage charakterisiere, stelle doch aber kein Kausalverhältnis her: mit einem erfreulichen Befund falle ein unerfreulicher zusammen – die Angst der Lehrer vor Gängelung, Verlust ihres Jobs, dem Radikalenerlaß. . .

Solcher Beistand ist so verfehlt wie die Angriffe. Beim Beispiel geblieben: Ich meine genau, was ich sage – daß angstfreie Kinder für die Mehrzahl der Erwachsenen etwas Unheimliches sind, auch für Lehrer, die die Kinder nicht einschüchtern wollen und ihnen Leistungen, Gehorsam, Ordnung nicht abpressen; Kinder, die eine selbstgemachte Modellkanone mit selbstgemischtem Schwarzpulver stopfen und sich durch vernünftiges Reden nicht davon abbringen lassen; Kinder, die einem ins Gesicht sagen: »Jetzt laß mich auch mal reden, du redest die ganze Zeit!«; Kinder, die den Unterricht ver-

132

lassen, weil er langweilig ist, und das »angstfrei« beken-
nen, machen uns unsicher, wenn sie uns nicht gar kränken. Aber nur wenn wir uns das eingestehen, werden
wir die eigene Angst mit den richtigen Mitteln bekämpfen und die der Kinder nicht – unter allerlei Rationalisierung – wiederherstellen.
Warum irritiert die Wahrheit über die heutigen Kinder
und die Vergeblichkeit der pädagogischen Anstrengungen so allseitig? Die Antwort, die ich hierauf geben
muß, ist zugleich die Antwort auf die Frage, warum ich
dies alles öffentlich sage.
Die Reform hat bisher zuerst auf die veränderten Gegenstände in einer veränderten Welt reagiert, sodann
auf die Erkenntnisse der Wissenschaft über die Lern-
vorgänge, schließlich auf die sozialen Voraussetzungen
und Folgen von Schule – die Chancenungleichheit. Das
»veränderte Kind« hat sie bisher nicht wahrgenommen:
sie nennt es das »zunehmend gestörte Kind«, das man
eben heilen muß. Und diejenigen, die dies können, die
Psychiater, werden uns in den kommenden Jahren
nachdrücklich raten, mehr ihresgleichen in die Schulen
zu schicken. Aber dies heißt gerade: die Schule zum
Maßstab für das Kind machen statt umgekehrt. Da wir
ohnedies so viele Psychiater nicht haben (und bezahlen)
können, wie wir zu solcher »Heilung« brauchen, werden die Schulen zusammenbrechen oder zur Hölle –
wenn die Reform nicht weitergeht im doppelten Sinn:
fortgesetzt wird und radikaler wird. Und das wiederum
wird sie nur können, wenn sie aus der eigenen Erfahrung lernt.
Es gibt für mich einstweilen keinen Grund, auch nur
einen einzigen Schritt zurückzugehen, wohl aber viele

Gründe, die nun folgenden Schritte anders zu setzen: gerade weil die alten Ziele der Reform weiter gelten. Es sind außerdem neue Ziele hinzugekommen, die die anderen relativieren.

Auch wenn die Erfahrung mich lehrte, daß ich zurückgehen muß, so wäre das nicht eine Rechtfertigung derer, die sich nie vom Platz bewegt haben, sondern ein Beweis für die Notwendigkeit der Bewegung, ohne die mir diese Gewißheit nicht zuteil geworden wäre.

Diejenigen, die sich auf Hentig berufen, wenn sie behaupten, die Reform sei gescheitert, er habe das ja an seiner eigenen Schule erlebt und nunmehr eingestanden, haben den Text nicht richtig gelesen. Er handelt nicht davon, wie in Bielefeld Pädagogik getrieben wird, sondern allein von dem, was in Bielefeld sichtbar geworden ist. Eine Schilderung der Hilfen, die wir den Kindern zukommen lassen und des vielen sinnvollen Lebens und Lernens, das in der Laborschule wie in zahlreichen anderen Schulen vor sich geht, ist hier gar nicht versucht worden. Das hat einen anderen Platz. Hier sind erste Beobachtungen zu einer begründeten Hypothese mitgeteilt worden. Die Hypothese erstreckt sich auf Lehrer und Kinder in heutigen Schulen. Beide sind überfordert, weil die radikal veränderten Bedürfnisse der einen nicht von den Möglichkeiten der anderen erfüllt werden können – weil ihre Institution etwas anderes von ihnen verlangt. Diese Schrift sagt den Lehrern vor allem eins: an den Zuständen, die hier geschildert und anderwärts auch erfahren werden, seid ihr nicht schuld, und schon gar nicht die Gesamtschulen. Diese Schrift klagt nicht an, sondern erklärt und macht Mut zu neuem Beginn.

134